Joachim Bergfeld

Das Geheimnis der Tonbandstimmen

„Der Kontakt mit dem Jenseits“ für Anfänger und Fortgeschrittene

Möchten auch Sie Ihre Erfahrungen weitergeben oder ein brisantes Thema veröffentlichen?

Wir suchen ständig innovative Autoren und würden auch Ihr Erstlingswerk gerne veröffentlichen.

Schreiben Sie an den Verlag

Leben 2000
Mühlstraße 35
66981 Münchweiler

1. Auflage

Druck:
Warda Druck GmbH
Industriegebiet
66981 Münchweiler

ISBN 3-9806146-1-1

Inhaltsverzeichnis

Vorwort:

Über den Autor.

Schon als Kind hat mich die Elektrotechnik fasziniert. Wenn sich meine Freunde Schokolade und Brausestangen für ihr Taschengeld gekauft haben, bin ich in den Elektroladen gegangen und habe mir Glühbirnchen und Batterien geholt. Später wurde der Sperrmüll nach alten Fernsehapparaten und defekten Radiogeräten abgesucht. Mit der Zeit spielte der Funkbereich eine immer größer werdende Rolle für mich.
Als 1976 der Jedermann-Funk populär wurde, verkroch ich mich nächtelang auf den Speicher, um weltweiten Funkkontakt aufzunehmen. Meine Sendestation bestand damals aus einem alten Autofunkgerät, einem Eisenbahntrafo und als Antenne ein Stück Draht, der auf ein Brett genagelt, aus dem Dach ragte.
Mein Rufzeichen war bald bei vielen Funkfreunden bekannt.

Eine Lehre als Elektroinstallateur wurde mit Kenntnissen in der Radio- und Fernsehtechnik erweitert. Schließlich erfolgte noch die Amateurfunkprüfung, bei der letztendlich auch das Lesen und Schreiben von Morsezeichen geprüft wurden.

Aus der ganzen Umgebung kamen die Funkfreunde um ihre Geräte von mir reparieren zu lassen.
Was anfangs harmlos begann, artete sehr bald in Arbeit aus, so daß ich schließlich ein kleines Ladengeschäft übernahm. Doch schnell platzte dieses aus allen Nähten.
Mit mehreren Angestellten lief die Produktion von Zubehörteilen im Funkbereich an.
Etwa nach acht Jahren der Geschäftseröffnung kam ein junger Herr in meinen Laden, der meinem Leben eine neue Richtung wies.
Sein Name war Manfred Czerwinski, und als Autor von weit über siebzig Büchern suchte er Informationen für ein neues Buch über Funkscanner. Als Co-Autor schrieb ich mit ihm nacheinander gleich mehrere Fachbücher über diesen Bereich der Funktechnik. Unsere Autorentätigkeiten führten zur Gründung eines gemeinsamen Verlages.

Max, ein Kunde von mir, erzählte mir eines Tages, daß er seit dem Tod seines Vaters heilende Kräfte besaß.
Ich sollte dieses Gespräch aber absolut vertraulich behandeln, denn er habe Angst, von anderen ausgelacht oder als unglaubwürdig dargestellt zu werden. Selbst ich betrachtete ihn etwas ungläubig, mußte aber dann feststellen, daß er Fähigkeiten besaß, die ich nicht hatte.

Zum Beispiel sagte er:

„Nimm etwas Aluminiumfolie und forme daraus zwei etwa kirschgroße Kügelchen, und dann nimmt jeder von uns eine in die rechte Hand.
Gesagt - getan. Schnell waren die Kugeln geformt und in die Hand genommen.

„Spürst du etwas von deiner Kugel in der Hand?“ fragte mich Max. „Nichts!“ entgegnete ich. „Was soll ich denn da spüren?“
„Gut, dann nehme jetzt meine Kugel in die Hand. Die habe ich mit Energie aufgeladen.“
Verdutzt nahm ich seine Kugel und schloß meine Hand.
Sofort zog sich ein stechender Schmerz durch meinen Arm, in den Ellbogen bis hinauf in die Schulter.
„Merkst du was?“ fragte Max.
Ich verzog keine Miene und fragte: „Was soll ich denn merken?“
„Na, so einen ziehenden Schmerz in deinem Arm“, sagte Max.
„So ein bißchen“, gab ich zu und versuchte, mit aller Gewalt meine Hand zu öffnen, um dieses stechende Ding wieder los zu werden.

Im nachhinein glaube ich doch, daß er mich durchschaut hat. Aber er nahm es mir nicht übel, denn weitere kuriose Vorführungen sollten folgen.

Max versuchte den Kontakt zu seinem verstorbenen Vater mit Hilfe der Tonbandtechnik herzustellen. Dabei manifestierten sich auch Parastimmen, doch leider kam es zu keiner Verbindung mit seinem Vater. Erst nach und nach stellte sich heraus, daß eine Kommunikation mit den Mikrofoneinspielungen keinen gewünschten Erfolg brachte, weil sich sein verstorbener Vater angeblich in einer höheren „Daseinsebene“ befand. Es wurde Max mitgeteilt, daß eine Kontaktaufnahme nur auf dem Wege des mentalen

Schreibens zustande kommen würde.
Seitdem „schreibt" Max regelmäßig mit seinem Vater, welcher ihm auf diese Weise zu seinen paranormalen Kräften geführt hat.

Mit den Tonbandstimmen war das anfangs so eine Sache. Im Fernsehen wurde öfter über dieses Phänomen berichtet. Als eingefleischter Techniker schien mir alles eher bei den Haaren herbeigezogen zu sein. Also mußte ich unbedingt einen Gegenbeweis erbringen. Aus den ausländischen Radiosendern, welche zur Stimmenumformung eingestellt wurden, ließen sich ohne weiteres auch so deutsche Wörter heraushören. Ähnlich wie beim Rückwärtsabspielen einer englischen Musikkassette.
Der eigentliche Stein des Anstoßes aber war Max. Ihm wollte ich als Meister der modernen Funktechnik zeigen, wo der Bartel den Most holt.

Doch letztendlich überzeugte ich mich selbst vom Gegenteil.
Um Fehler durch Mikrofonstimmen auszuschalten, konstruierte ich eine Infrarotlichtbrücke, mit der ich einige gute Stimmen auf das Band bekam.
Nach diesem Erfolg wendete ich mich noch einmal den Radiostimmen zu, um sie genauer zu untersuchen. Dabei stellte ich fest, daß diese Stimmen nicht nur meine Fragen beantworten konnten, sondern sowohl die Vergangenheit kennen, und auch die Möglichkeit haben, in die Zukunft zu blicken.

In Anbetracht solcher Informationsmöglichkeiten schien es mir ein Gebot zu sein, darüber ein Buch zu schreiben. Jeder, ob jung oder alt, kann mit einem handelsüblichen Kassettenrecorder und einem Radio an diesem Hobby teilnehmen. Die einzige Voraussetzung ist ein gutes Gehör.

Informationen aus dem Äther, gleich ob sie über ein Telefonhandy, aus dem Radio oder dem Fernseher stammen, bestimmen unser tägliches Leben. Warum sollten nur „wir", die Lebenden, uns diese Informationswege zunutze machen?

Joachim Bergfeld

Willkommen im Apparthotel
Haus Bergfeld

Mühlstraße 35, 66981 Münchweiler
Telefon 06395 / 7728, Telefax 06395 / 7647

Unser Haus liegt mitten im Herzen des Pfälzerwaldes. Ein Geheimtip unter Kennern. Nirgendwo anders finden Sie soviel Ruhe und Entspannung wie in dieser grünen Lunge. Doch nicht nur der ruhesuchende Wanderer findet hier eine Anzahl von Wanderwegen, sondern auch für den Freizeitsportler sind Radwege, Kletterfelsen, Angelplätze, Golf- und Tennisanlagen vorhanden.

Wir bieten an:

Kostenlose Einführung in die Tonbandstimmenforschung
und weitere Themen der Esotherik,
Energiesparen, Solar- und Umwelttechnik.

Kapitel 1

Seelenwanderung

Alle Religionen der Erde vertreten schon seit Urzeiten die Hypothese der Reinkarnation.
Das heißt, daß der Geist unsterblich ist und immer wieder geboren wird, bis er durch sein Streben nach einem höheren Bewußtsein diese Reise in einem Nirwana beendet.
Die Unsterblichkeit der Seele ist vergleichbar mit der Energie, welche zwar umwandelbar ist, aber letztendlich nicht verloren geht.

Ein Beispiel: Ein Baum wächst und gedeiht mit Hilfe der Fotosynthese, indem die Sonnenenergie in seinem Blattwerk umgewandelt wird. Stirbt der Baum, weil seine Wurzeln zerfressen sind, so bleibt die Energie in seinem Stamm erhalten. Auch wenn der Stamm verfaulen sollte, so wird er über die Jahrtausende zu Erdöl, das von uns Menschen zutage gefördert wird.
Umgewandelt in Treibstoff, setzt diese Energie ihre Kraft in unseren Fahrzeugen frei, wobei auch hier nur lediglich eine Umwandlung in Bewegungs- und Wärmeenergie stattfindet.

Gleichermaßen wird von vielen heute die Meinung vertreten, daß auch die Lebensenergie nur wandelbar ist, aber nicht mit dem Tod endet.
Der Beweis dafür sind die Menschen, die eine klinische Todphase überlebt haben. Sie schildern alle immer das Gleiche. Zu ihrem Todeszeitpunkt entschwebten sie ihrem Körper und konnten von oben herab das Geschehen mitverfolgen. Frei von Schmerz werden sie einem Licht zugeführt, das sie, wie magnetisch angezogen, einem Tunnel ähnlich durchschreiten sollten. Was hinter diesem Tunnel ist, hat noch keiner dieser Kurzzeittoten gesehen.

Könnte es vielleicht sein, daß dort die nächste Welt auf uns wartet?
Und wenn ja, möchten wir überhaupt in einer anderen, wenn auch besseren Welt weiterleben?
Ist da nicht der Menschheitstraum von der Unsterblichkeit erfüllt?
Oder wollen wir überhaupt immer und immer weiterleben ohne Ende ?

Betrachten wir es doch einmal von einer anderen Seite. Wenn der geliebte Partner stirbt, mit dem man einen Lebensabschnitt verbracht hat.
Oder wenn das eigene Kind plötzlich durch einen Unfall oder eine schwere Krankheit aus dem Leben gerissen wird!

Wird dann nicht der Wunsch in uns wach, noch einmal mit ihm reden zu können? Ihn vielleicht um Verzeihung zu bitten, oder uns für all das Unrecht zu entschuldigen, das wir ihm angetan haben. Oder sich einfach nur für seine Liebe zu bedanken?

Würden wir da nicht auch Wege beschreiten, die als unkonventionell gelten? Auch wenn sie nicht gleich bei jedem auf Verständnis stoßen, wie bei der Tonbandstimmenforschung?

Brauchen wir dieses „Verständnis“ unserer Mitmenschen überhaupt?

Vergleichen wir es doch einmal mit der Frage:
„ Glauben Sie tatsächlich an Gott?“
Viele Menschen werden „Ja“ sagen, doch einige auch „Nein“. Doch spätestens, wenn diese „Nein“-Sager von nicht auszuhaltenden Schmerzen gequält werden und keiner da ist, der ihnen helfen kann, werden sie Gott um Hilfe anflehen, so daß er dieser Pein ein Ende machen soll.

Thomas Alva Edison stellte die These auf, daß das Leben genau so unauslöschlich ist, wie die Materie.

Aus diesem Grund konstruierte er um 1920 eine Maschine, die eine Brücke zu einer anderen Welt schlagen sollte, um den Beweis des außerkörperlichen Lebens anzutreten. Leider wurde sie nicht fertiggestellt.

Kapitel 2

Transkommunikation ein Zauberwort?

Das Geheimnis der Tonbandstimmen!

Die allgemeine Bezeichnung für die Tonbandstimmenforschung ist die Transkommunikation. Diese aus Trans (hinüber oder hindurch / Transmitter = Sender) und Kommunikation (kommunizieren miteinander sprechen /Verbindung aufnehmen) wurde von dem Physiker Prof. Dr. Ernst Senkowski in den deutschen Sprachgebrauch eingeführt. Es steht für die Verbindungsaufnahme der „Diesseitigen“ mit den „Jenseitigen“.
Die „Jenseitigen“ werden von uns als Tote bezeichnet, wobei die Bezeichnung „Tot“ nur auf den Körper zu beziehen ist.

Doch was ist unter dem Jenseits eigentlich zu verstehen ?
Wir unterscheiden in unserem weltlichen Bewußtsein drei Dimensionen. Unsere Dreidimensionalität beschreibt die Räumlichkeit, bestehend aus 1-.Höhe, 2-.Breite und 3-.Tiefe. Als vierte Dimension kennen wir die Zeit, welche in einem kontinuierlichen Ablauf den Jahresrhythmus bestimmt.
Daß diese Zeit ihre feste Konstante nur auf der Erde (beziehungsweise Erdmittelpunkt) hat, wurde schon von Einstein bewiesen. So vergeht die Zeit auf einer orbitalen Weltraumstation langsamer als auf der Erde. Für die Menschen auf dieser Station ist diese Abweichung nicht merklich feststellbar. Aber für die Satellitennavigation ist sie so gravierend, daß die Computer in diesen künstlichen Himmelskörpern ständig diesen Fehler korrigieren müssen.

Es ist nun vorstellbar, daß das „Jenseits“ in einer oder mehreren Dimensionen steckt, die wir bis heute noch nicht kennen. Bis dato haben wir noch keine Sensorik entwickelt, welche uns mehr als die bekannten Dimensionen erkennen lassen. Wie weit die jenseitige Dimension von uns entfernt ist, weiß man daher auch nicht. Aus Interpretationen von Einspielungen hat man erfahren, daß die „Jenseitigen“ Probleme mit unserem Zeitgefüge haben. Transkommunikationsexperten sprechen von dem Geist außerhalb der Raumzeit.

Der englische Dichter William Shakespeare schreibt von einem Reich, aus dem noch kein Wanderer zurückgekehrt ist.
Waren Sie auch schon einmal in der Situation, daß plötzlich jemand hinter Ihnen steht, und Sie können diese Person spüren, ohne sich umzudrehen? Oder haben Sie nicht auch schon einmal das Gefühl gehabt, daß Sie beobachtet werden, obwohl sich kein anderer Mensch in ihrer Umgebung befindet? Hat Ihnen auch schon einmal Ihr Schutzengel aus einer gefährlichen Situation geholfen?
Doch wo kommen diese vermeintlichen Geister her?

Aus meinen Versuchen schließe ich, daß die „Jenseitigen" eine direkte Zutrittsmöglichkeit zu unserer Dreidimensionalität haben. Das bestätigt auch der Autor des Buches „Wenn die Toten reden" Pfarrer Leo Schmid, der bei seinen Experimenten auf verschiedene Gegenstände von den „Drübigen" angesprochen wurde. Zum Beispiel wurde auf eine Tageszeitung hingewiesen, welche bei der Einspielung auf dem Tisch lag. Oder auf die Besonderheiten einer sich im Raum befindlichen Wanduhr.

Die Bezeichnung „Jenseitige" setze ich in diesem ganzen Buch als Kennzeichnung dieser Geisteswesen ein. Es fällt mir schwer, dabei von Toten zu sprechen, denn richtigerweise können wir nur von einem körperlichen Tod ausgehen. Da „sie" die Möglichkeit haben, mit uns Kontakt aufzunehmen, ja sogar einen Zugriff auf unser Leben haben, ist von einem „totsein" nur schwerlich zu reden. Nicht umsonst reden wir über ein Leben nach dem Tode. Selbst „außerirdisch" wäre eine falsche Darstellung. Zumal sie vorher lebend auf dieser Welt waren. Eine bessere Bezeichnung als „Jenseitige" kann ich erst nach einer Bestimmung ihres Aufenthaltsortes oder der Dimensionalität benutzen.

Medien, die in Trance oder im Wachzustand eine Verbindung zur transzendenten Welt hergestellt haben, verdanken wir die Kenntnisse über ein „Drüben". Andere schreiben mit den Verstorbenen, in dem sie das Schreibgerät in ihren Händen von den „Jenseitigen" führen lassen und somit die Botschaften zu Papier bringen. Eine weitere Variante ist das Ouijabrett oder auch Hexenbrett genannt. Auf einer Holzplatte befindet sich das gesamte Alphabet, die Zahlen 1-9, ja, nein, hallo und auf Wiedersehen. Ein herzförmiges kleines Brettchen, der sogenannte Zeiger, wird von einer oder zwei Personen über das Board geführt. Die Geister sollen den Zeiger so beeinflussen, daß er auf den jeweiligen Zeichen kurz anhält. Die so gewonnenen Buchstaben werden zu einem Satz zusammengesetzt und ergeben die paranormale Information.

Seit Urzeiten ist das „Channeling“ bekannt. Da behaupten Personen, in direkter Verbindung mit Verstorbenen zu stehen, welche dann durch den Mund des Mediums zur diesseitigen Welt sprechen. Oder wieder andere können dahingeschiedene Personen direkt in den momentanen Räumlichkeiten sehen.
Im Privatfernsehen sorgen solch begabte Menschen immer wieder für großes Aufsehen, indem sie Mitteilungen von Verstorbenen an die im Fernsehstudio befindlichen Zuschauer weitergeben. Die Informationen bestehen aus Ereignissen, die sich im privaten Bereich des Betroffenen abgespielt haben.
Der Wahrheitsgehalt dieser Aussagen besticht meist durch seine nachprüfbaren Eigenschaften.
Für den Zuschauer sind solche Darstellungen hochgradig verblüffend, jedoch siegt häufiger auch der Zweifel. Denn oft kommt das vorgestellte Medium aus dem Ausland und spricht nur ein gebrochenes Deutsch. Vorwiegend entsteht auch der Eindruck, daß immer kuriosere Shows produziert werden, um die teuren Werbeblocks zu verkaufen.
Desweiteren wird unsere Vorstellungskraft von anderen Welten und Dimensionen durch die Sience Fiction Filme und TV-Serien wie „Unerklärliche Phänomene“, „Akte X“ oder „Mysterie“ geprägt. Die hohen Einschaltquoten spiegeln die Faszination dieser Produktionen wieder. Auch wenn wir die Handlungen als unglaubwürdig und suspekt einstufen.

Da lob ich mir doch meinen Kassettenrecorder, der sich weder hypnotisieren oder mit aufwendigen Special Effects beeinflussen läßt. Er gibt mechanisch nur das wieder, was über sein Mikrofon aufgenommen wird, und wer in die Bandgeräusche allzuviel hinein interpretiert, betrügt sich nur selbst.

Die Manifestationen der Parastimmen kommen auch nicht direkt aus dem Radio. Die Tatsache, daß die Antworten fast immer einen Bezug auf die

gestellten Fragen haben, und daß die Experimentatoren mit Namen angesprochen werden, führen eine Zufälligkeit ad absurdum. Im Gegensatz zu nichtkontrollierbaren medialen Eingaben sind die Aufnahmen konservierbar und jederzeit reproduzierbar.
Stimmenmanifestationen können manchmal direkt einem Verstorbenen aufgrund des Klanges seiner Stimme zugeordnet werden. Anhand einer zu Lebzeiten herrührende Aufnahme können Vergleiche angestellt werden. Man könnte beide Bänder auch in einem kriminaltechnischen Labor auf ihre Übereinstimmung hin überprüfen lassen.
Mit einer solchen amtlich bestätigten Konformitätsprüfung hätten Sie einen handfesten Beweis, der vor jedem Amtsgericht als Tatsache behandelt wird. Es wäre genau so, als ob Sie einen Fingerabdruck vorweisen würden.
Diese Stimmenanalyse der Kriminalpolizei ist die wichtigste Grundlage, um einen Erpresser dingfest zu machen, der seine Forderungen über ein Telefon gestellt hat. Auch wenn sich der Täter noch so bemüht hat, seine Stimme zu verstellen, läßt die heutige Technik keinen Zweifel an der Übereinstimmung zweier Stimmenaufzeichnungen.

Leider ist trotz jahrzehntelanger Forschung auf dem Gebiet der Transkommunikation immer noch nicht erläuterbar, wie die Stimmen auf das Band kommen. Doch die Zeit arbeitet für uns, und die Entwicklungen schreiten voran. Was heute noch als unglaublich erscheint, kann morgen schon alltäglich sein. Wir zerbrechen uns den Kopf mit den aufwendigsten Theorien, doch häufig sind die Dinge einfacher, als man es vorher gedacht hatte.

Beobachten wir doch einmal ein Tier, wenn es sich zum ersten Mal in einem Spiegel sieht, wie es sich erschreckt, und mit welchem Unverständnis es diese duplizierte Welt attackiert. Uns entlockt dieses Verhalten nur ein Schmunzeln. Denn wir wissen ja, daß es sich nur um eine Glasscheibe handelt, auf deren Rückseite eine hoch reflektierende Metallschicht aufgedampft ist, die unser Bildnis spiegelverkehrt wiedergibt.

Der Spiegel ist ein sehr einfaches Teil, dessen Geheimnis jeder ohne physikalische Kenntnisse sofort erklären kann.
Tonbandstimmen zu beschreiben, wie sie sich anhören, fällt nicht schwer, aber über die Entstehung gibt es nur Mutmaßungen..

Aber müssen wir das überhaupt wissen?
Jeder kennt heutzutage einen Fernsehapparat. Wir benutzen ihn täglich. Doch wer weiß schon so genau, wie so ein Ding funktioniert? Klar in groben Zügen -, und so ungefähr. Da ist eine Kamera, mit der werden die Bilder aufgenommen, die von einem Sender unsichtbar durch den Äther geschickt werden. Eine Antenne fängt diese Kräfte ein und zwingt sie durch ein Kabel in einen größeren Holzkasten. Dort manifestieren sich die laufenden Bilder mit den passenden Geräuschen auf einer Glasscheibe. Sogar Dinosaurier tanzen über die Mattscheibe, obwohl die schon lange ausgestorben sind.

„Eigentlich ziemlich unglaubwürdig, meinen Sie nicht?".

Aber wen interessiert das schon? Die Hauptsache ist doch, daß das Bild schön klar ist, und der Ton laut genug aus dem Kasten schallt.

Anfangs zweifelte auch ich an der Glaubwürdigkeit der Tonbandstimmen. Wie die meisten technisch Versierten an der Parapsychologie zweifeln. Und Kritiker der Transkommunikation wissen alles sowieso besser.
Genau so, wie die Wissenschaftler über schwarze Löcher im All bescheidwissen, deren Gravitationskraft so mächtig ist, daß sie sogar das Licht verschlingen können. Aber keiner behauptet, daß dies Utopie sei, obwohl noch niemand auch nur in der Nähe eines solchen Phänomens war.

Wie können wir nun Verbindung aufnehmen mit einem Ort, den man nicht sehen kann, und keiner weiß, wo er sich genau befindet?

Zuvor muß der Wunsch zur Kontaktaufnahme, unterstützt von einem bißchen Neugier und Erfahrungsbereicherung vorhanden sein. Denn ein ehrliches Interesse für diesen Forschungs- oder Hobbybereich sollte schon bestehen. Auch die Offenheit zum Übernatürlichen ist von Nöten. Erzwingen lassen sich „Jenseitsverbindungen" nicht.

Für eine Person mit hohen mentalen Fähigkeiten stellt die Überwindung der Raum-/Zeitkonstante keine große Schwierigkeit dar. Wobei mehr oder weniger mentale Fähigkeiten in jedem Menschen stecken. Sie müssen nur geweckt und ausgebildet werden. Was früher in vielen Mythen und Lehren (des heutigen paranormalen Bereiches) selbstverständlich war, ist leider nur spärlich über viele Generationen weitergegeben worden. Vor allem durch die kirchliche Hexenverfolgung im Mittelalter sind Fähigkeiten und Erkenntnisse verloren gegangen. Was im unserem technischen Schulmedizin-Zeitalter als Standard gilt, wird neuerdings von vielen Menschen nicht mehr akzeptiert. Statt sich im Krankheitsfalle mit Chemie vollzustopfen, wird heutzutage auf die natürliche Pflanzenheilkunde (Homöopathie) zurückgegriffen. Selbst der Beton muß den natürlichen Baustoffen weichen.

Ebenso sollte eine Kontaktaufnahme (Einspielung) nach einem alten Brauchtum erfolgen. Man könnte es mit einem Ritual vergleichen, wobei wir eine Kontaktaufnahme erbeten. Wir bitten also um einen Kontakt. Denn eine Kontaktaufnahme zu befehlen, wird nicht funktionieren. Das „bitten um etwas“ kommt in unserer heutigen postmodernen Zeit leider etwas zu kurz. Von unseren Kindern sind wir es zwar noch gewohnt, aber für den Erwachsenen steht das kleine Zauberwort als Inbegriff der Schwäche.

Also gut konzentriert und ausgeglichen ans Werk gehen. Schließlich soll den „Jenseitigen“ ein Kontaktwunsch mitgeteilt werden. Und das funktioniert nun entweder durch telephatische Konzentration oder intensives Bitten. Für den Anfänger kann auch ein kleines Gebet nicht schaden, auch wenn es heutzutage aus der Mode gekommen ist.
Mit einem Gebet meine ich nicht das einfache Aufsagen eines Reimes. Den hinter jedem ernstgenommenen Gebet steckt der Ausdruck, seine Wünsche zu beflügeln, und der Wunsch schließt die Willenskraft in sich ein.
Beten ist ein kosmisches Band, das uns mit allen Geschöpfen der Natur verbindet. Das wahre Gebet ist eines der wichtigsten seelisch-geistigen Heil- und Machtmittel des Menschen.

Es kursiert auch die Meinung, daß für einen Tonbandkontakt 1/5 mentale Fähigkeit benötigt wird. 4/5 werden durch die Technik „Diesseits“ wie „Jenseits“ ersetzt. Meine Ansicht nach ist die Offenheit zu allem Weltlichen die wichtigste Voraussetzung für diese Experimente.
Was erhoffen wir uns von einer „jenseitigen“ Kontaktaufnahme?
Für den Mitbürger, der erst kürzlich einen nahestehenden Bekannten oder Verwandten verloren hat, sind Schmerz und Trauer sehr groß. Definitiv zu

wissen, daß es die Person irgendwo noch gibt, lindert diesen Schmerz und gibt neue Hoffnung für das eigene Leben.
Weiterhin nimmt uns eine Kontaktaufnahme mit den unsterblichen Seelen die Furcht vor dem Tode.
Für andere stellt die Transkommunikation ein nicht gerade alltägliches Hobby dar.

Wir können den „Jenseitigen“ auch Fragen stellen, die Aufschluß über den einzelnen geben oder im wesentlichen weltlicher Natur sind. Es soll an dieser Stelle auch erwähnt sein, daß es im „Jenseits“ gute und böse, nennen wir sie mal „Geister“ gibt. Bitten Sie daher von vorne herein nur um einen Kontakt mit guten Geistern. Schließen Sie sich dabei „jenseitigen“ Gruppen an, die bei anderen Tonbandstimmemforschern als freundlich bekannt sind.
Benutzen Sie auf jeden Fall immer Ihren gesunden Menschenverstand zur Abwägung der Informationen Ihrer Einspielungen.

In dem Buch „Brücke zwischen Diesseits und Jenseits“ von Hildegard Schäfer sind viele Einspielungen aufgelistet. Aus der Gesamtheit der Aussagen dieser Manifestationen läßt sich eine Botschaft klar herauslesen.

Wir sind auf dieser Erde nur geduldet. Es ist eines jeden Pflicht, in gemeinschaftlicher Koexistenz diese Welt für unsere Nachkommen so zu erhalten, daß sie nach einem höheren geistigen Niveau und einem friedlichen Zusammenleben mit der Natur streben können.

Kapitel 3

Enführung in die Tonbandstimmenforschung

Wie entstehen die Parastimmen?

Bei der Mikrofon-Einspielmethode werden alle im Raum befindlichen Geräusche aufgezeichnet. Dabei wird zum Beispiel das Ticken der Uhr, ein tropfender Wasserhahn oder das Surren des Kühlschranks aufgenommen. Die „Jenseitigen" sollen nun diese Tonfrequenzen z.B. des surrenden Kühlschranks modulieren, das heißt umformen in einen für uns hörbaren Text, den das Tonband aufnehmen soll.

Das ist jedenfalls die verbreitete Meinung und auch die vorerst einfachste Erklärung für die Stimmenmanifestierung.
Für eine Einspielung ist also das Vorhandensein eines Grundgeräusches zur Modulierung wichtig. Als Geräuschquelle dient auch ein mechanischer Taktgeber (Metronom), das Plätschern einer Aquariumpumpe, ein Wecker oder das Rauschen eines Ventilators.
Diese Grundgeräusche werden „Träger" genannt. In der Funktechnik sind Träger das A und O des gesamten Kommunikationsverkehrs.

In dem Sendeteil eines Funkgerätes werden die Sprach- oder Dateninformationen über eine Mischstufe auf eine Trägerfrequenz aufgesetzt, verstärkt und über die Antenne ausgesendet. Beim Empfänger angekommen, wird die Trägerfrequenz auf elektronischem Wege von dem übertragenen Signal abgezogen, und das Sprach- bzw. Datensignal bleibt übrig. So einfach funktioniert unsere moderne Kommunikationstechnik.

Die Umformung von Grundgeräuschen oder deren Benutzung als Träger ist kein PSI-Phänomen, sondern ein „alter Hut", ohne den kein Radio- oder Fernsehgerät funktionieren würde.

Der Ablauf der Einspielung:

Der Begriff Tonbandstimmen wurde über die Jahre hinweg so beibehalten. Auch wenn heute das Tonbandgerät durch den Kassettenrecorder abgelöst wurde. Seit Jahren schon sind die Recorder so preisgünstig geworden, daß sich jeder ein solches Gerät leisten kann. Obgleich darauf hinzuweisen ist, daß ich von Billigstgeräten (Fünfzigmark Klasse) abrate. Es sollte auf einige Besonderheiten geachtet werden, auf die wir im folgenden Kapitel noch gesondert eingehen. Spulentonbandgeräte sind vom Markt fast völlig verschwunden. Wer noch alte Geräte zur Verfügung hat, kann diese zwar nutzen, wird aber Schwierigkeiten haben, in näherer Zukunft neues Bandmaterial zu beschaffen. Die neuerliche Einführung der digitalen Systeme (kurz DAT genannt) erschließt zwar neue Wege der HiFi Technik, aber für den Neuling sind diese Geräte momentan nicht unbedingt von Vorteil. Zumal sie in den Preisklassen mit etwas mehr Bedienungskomfort noch zu teuer sind (Stand 1997).

Die Manifestation der Stimmen auf dem Tonträger (gemeint ist das Tonband in der Kassette) wird mit der Zuhilfenahme der Technik teils in dem Recorder (eingebautes Mikrofon), teils außerhalb durch Zusatzgeräte wie externes Mikrofon, Verstärker und weiteren technischen Hilfsmittel bewerkstelligt. Momentan dominiert das Mikrofon vor aller Technik. Allein mit ihm ist es möglich, akustische Umformungen mit der vorhandenen Elektronik aufzunehmen.

Obgleich auch andere Amateure der Meinung sind, daß sich die Stimmen direkt auf dem Band manifestieren können. Sie gehen davon aus, daß das mediale Wellenpotential Einfluß auf die magnetische Aufzeichnungskraft des Tonkopfes oder direkt auf das Band haben könnte. Wie es auch ist. Es konnte noch nicht eindeutig festgestellt werden, woher diese Stimmen kommen. Sicher ist, daß wir immer und überall von elektromagnetischen Wellen umgeben sind. Sei es durch Radio- und Fernsehwellen, Funktelefon- und Sprechfunkwellen, oder das 230Volt Wechselstromnetz mit der wahrscheinlich höchsten Strahlungsenergie.
Es gibt viele medial begabte Leute, die mit Verstorbenen in Kontakt stehen.

Teils träumen sie des nachts von den Verstorbenen, oder sie halten spiritistische Sitzungen ab. Sie beweisen die Verbindung, indem sie von Eigenschaften und Ereignissen berichten, die nur die Kontaktperson wissen konnte.

Wenn es also möglich ist, daß es medial zu solch einer Kommunikation kommen kann, warum sollte es dann nicht einen technischen Weg geben. Auch wenn nicht alle Versuchsaufbauten den heutigen geltenden physikalischen Gesetzmäßigkeiten entsprechen.

Wer jetzt glaubt, daß man zur Ausübung der transkommunikatorischen Experimente technisch begabt sein muß, der irrt sich. Denn viele Gleichgesinnte aller Altersgruppen benutzen nur einen Kassettenrecorder und erzielen damit zufriedenstellende Ergebnisse. Selbst der Nestor der Tonbandstimmenforschung Jürgenson hatte keine weiteren Hilfsmittel als sein Tonbandgerät. Damit hatte er rein zufällig bei der Aufnahme von Vogelstimmen eine Stimmen-Manifestation seiner verstorbenen Mutter auf dem Band. Ihm selbst sagt man nach, keine große Begabung für die Technik zu haben.

Die einfache Aufzeichnungsmethode:

Der Kassettenrecorder ist das Grundgerät. Die großen Fachmärkte haben meist eine riesige Auswahl an Kassettenrecordern und Radiorecordern auf Lager. Was wir brauchen, ist ein einfacher Monokassettenrecorder. Billiggeräte werden schon ab 50,-DM angeboten. Davon ist aber abzuraten, und auch ein Radiorecorder ist nur eine Notlösung.
Wünschenswert ist ein Kassettenrecorder mit Zusatzanschlüssen für ein externes Mikrofon, 230Volt Anschluß, und zusätzlich zur Lautstärkereglung eine Klangregelung, ein Zählwerk und eine manuelle Regelung für die Bandlaufgeschwindigkeit. Die Rückspultaste sollte sich auch während des Wiedergabebetriebs betätigen lassen, so daß Sie eine abgespielte Stelle schnell wieder anhören können, ohne das Gerät vorher anzuhalten. So können Sie eine bestimmte Stelle in kürzester Zeit auch mehrfach abspielen. All diese Funktionen erfüllen hochwertige Diktiergeräte für den Bürobedarf, leider liegen die Gerätepreise meist über fünfhundert Mark.
Im Kapitel „Zusatzgeräte“ stelle ich ihnen geeignete Geräte mit genauen Herstellerangaben und Typenbezeichnungen vor.

Die aufgezeichneten Stimmenmanifestationen werden Einspielungen genannt. Die Qualität dieser Einspielungen ist von vielen Faktoren abhängig. Auf jeden Fall gilt: „Je besser das Equipment, desto besser die Tonqualität“ (in Bezug auf Grundrauschen der Transistoren, die Motoren- und Laufwerksgeräusche, sowie das Bandmaterial). Worauf aber unbedingt zu achten ist, ist die Sauberkeit des Tonkopfes, Löschkopfes und der Andruckrolle.
Reinigen Sie deshalb häufiger das Laufwerk. Benutzen Sie dazu Wattestäbchen und Brennspiritus. Vergewissern Sie sich, daß keine Wattereste im Laufwerksschacht zurückbleiben.
Die Benutzung von Trockenreinigungskassetten ist nicht empfehlenswert. Sie zerkratzen bei häufiger Benutzung den Tonkopf.

Für die Aufzeichnungen können normale Fe-Kassetten benutzt werden. Hochwertiges Bandmaterial wie Chromdioxyd- oder Reineisen- (METAL) Kassetten sind rauschärmer. Nehmen Sie nach Möglichkeit für jede Sitzung eine neue Kassette. Ein bespieltes Tonband läßt sich nicht immer vollständig löschen. Restmagnetisierte Stellen auf einem Band können Einspielungen verfälschen. Benutzen Sie eine Kassette aus diesem Grund auch nur auf einer Seite.

Archivieren Sie das Bandmaterial mit Datum und Uhrzeit. Protokollieren Sie zusätzlich die Bandzählwerksnummern, um eine Aufzeichnung schneller wiederzufinden. Kopieren Sie wenn möglich manifestierte Stimmen auf ein gesondertes Band.

Nehmen Sie die Kassette nach dem Abhören aus dem Recorder, und bewahren Sie diese in der Originalverpackung auf. Es wurde mir auch berichtet, daß eine Manifestation absolut nicht mehr auf dem Band zu finden war, nachdem die Kassette im Gerät verblieb. Mein Bekannter behauptet, daß „die" ihm schon mehrfach eine im Recorder verbliebene Kassette gelöscht haben. Mir ist es leider selbst schon passiert, daß eine besondere Stelle (die ich mir vortags mindestens zehnmal angehört habe) am nächsten Tag nicht mehr vorhanden war. Obwohl niemand meinen Kassettenrecorder benutzt hatte und eine Fehlbedienung meinerseits auszuschließen war.

Heben Sie bespielte Kassetten auf, auch wenn Sie vorerst nichts darauf gehört haben. Manchmal kommt es vor, daß man Stimmen erst viel später entdeckt. Wechseln Sie beim Abhören öfter die Reihenfolge der aufgenommenen Abschnitte. Wegen der raschen Ermüdung des Gehörs kommt es schnell zu Abhörfehlern. Hören Sie nicht abends nach einem gestreßten Tag Ihre Tonbänder ab. Morgens ist eine bessere Zeit zum Abhören des Materials, weil sich das Gehör, noch unverbraucht, besser anpaßt.

Es kommt schon einmal vor, daß Sie nach einer Einspielung Antworten überhört oder sie nicht als eine solche erkannt haben. Eine spätere Nachbearbeitung Ihres Kassettenmateriales ist deshalb obligatorisch und sollte auf jeden Fall vorgenommen werden.

Es ist ratsam, erste Versuche nicht allein durchzuführen. Suchen Sie Unterstützung bei anderen Tonbandamateuren. Durch diese Hilfe vermeiden Sie Fehler, die jeder Anfänger zunächst macht.

Interessengruppen und Tonbandstimmen-Vereine gibt es weltweit. Dort erhalten Sie Unterstützung beim Reinhören und Kennenlernen der Tonbandstimmen. Weiterhin werden auch kleine Seminare zum erleichternden Einstieg in diese Technik angeboten. Solche Einführungskurse werden über ein Wochenende abgehalten und sind gerade für den Anfänger sehr zu empfehlen.

Ich habe mich selbst erst einmal in das Ritual der Transkommunikation einweisen lassen und war sehr überrascht, daß letztendlich nach sehr kleinen Bruchstücken von Geräuschen gesucht wurde. Erwartete ich doch zumindest einige kurze Dialoge zwischen meinem Bekannten und den „Jenseitigen". Leider konnten wir nach mehreren Einspielversuchen zu keinem brauchbaren Ergebnis kommen.
Für mich war das sehr enttäuschend. Denn eigentlich kam ich mit großen Erwartungen von offener Kommunikation mit den „Jenseitigen" zu ihm. Doch jetzt stellte ich die gesamte Transkommunikation in Frage. Meine unermüdliche Geduld sollte letztendlich belohnt werden. Erst nach vielen Einspielungsversuchen, die ich übrigens alleine vorgenommen hatte, stellte sich der gewünschte Erfolg ein. Aber auch nur deshalb, weil ich von der Einführung her genau gewußt hatte, wonach ich suchen mußte. Nämlich nach kurzen, leisen Geräuschpassagen, die sich bei genauem Hinhören als zusammenhängende Worte entpuppten.

Meine favorisierte Einsspielzeit ist in den späten Abendstunden. Der Einfluß der Tageslichtstrecke, der sich übrigens auch auf die längeren Funkwellenbänder nachteilig auswirkt, galt auch für meine Kommunikationstechnik als ein Störfaktor.

Die Sonneneruptionen setzen starke elektromagnetische Störfelder frei, die sich bei hoher HF-Verstärkung als ein Prasseln bemerkbar machen. Das gleiche gilt für Unwetter und Gewitter, die sich in der Vorphase als statische Ladungen störend auswirken.

Bei Versuchen mit der Infrarottechnik beeinflußt das Spektrum des Sonnenlichtes den Infrarotempfänger so stark, daß nur ein Minimum an Verstärkerleistung möglich ist.
Inwieweit Mondphasen oder Sternenkonstellationen die Transkommunikati-

on beeinflussen, konnte ich nicht feststellen. Da muß jeder seine eigenen Erfahrungen machen. Nützlich wäre hierzu die parallele Dokumentation der Wetter- und Sterndaten zu den Einspielungsprotokollen.

Gruppeneinspielung:

Bei Gruppeneinspielungen, vor allem mit nur einem Recorder, ist die gemeinsame Harmonie der Teilnehmer sehr wichtig. Streiten Sie sich nicht, wenn eine Manifestation nicht von allen im gleichen Wortlaut verstanden wird. Verwerfen Sie Einblendungen, die nicht alle gehört haben. Schüren Sie nicht die Unglaubwürdigkeit einzelner Sätze. Die Einspielung könnte für jemanden persönliche Bedeutung haben, über die derjenige selbst nicht unbedingt reden möchte. Wahren Sie die Persönlichkeitsrechte eines jeden einzelnen.

Überlegen Sie den Inhalt einer Frage gut, bevor Sie sie stellen. Die Antwort könnte ein unerwünschtes Ergebnis enthalten. Würden Sie zum Beispiel nach Ihrem Todesdatum fragen, könnte eine Antwort darauf Ihr weiteres Leben negativ beeinflussen. Die Antwort könnte auch falsch interpretiert werden, was die gleichen schlimmen Folgen für Sie und ihre Familie nach sich ziehen könnte. Je durchdachter eine Frage gestellt wird, desto informativer ist die Antwort.

Am wichtigsten scheint jedoch die Bereitschaft unserer „Jenseitigen“ Freunde zu sein. Wenn „sie“ nicht ihren Beitrag dazu leisten, kommt keine Kommunikation zustande.

Machen Sie die Transkommunikation nur zu Ihrem Hobby, das Sie zwar in einem bestimmten Rhythmus ausüben, aber nicht Ihr tägliches Leben bestimmt! Gönnen Sie sich und den „Jenseitigen“ mehrtägige Pausen zwischen den Einspielungen. Die Aufnahmen sollten aber immer am gleichen Wochentag vorgenommen werden. Vernachlässigen Sie nicht Ihr Leben, sondern erfüllen Sie ihre „diesseitigen“ Aufgaben.

Denken Sie auch daran, zu schnell wird man von anderen, die kein Verständnis für das momentan noch Paranormale haben, als unglaubwürdig abgestempelt. Ignoranten sind immer skeptisch, wenn man ihnen Wissen vorsetzt. Sie werden noch oft genug auf Unverständnis stoßen. Wenden Sie sich Personen zu, die das Leid ertragen müssen, einen nahen Angehörigen verloren zu haben. Helfen Sie ihm dabei über seinen Schmerz hinweg. Vielleicht kann auch ihm die Transkommunikation einen neuen Weg ins weitere Leben bereiten. Oder sprechen Sie mit Freunden, die Weltoffenheit zeigen und Interesse an einem nicht alltäglichen Hobby haben.

Einspielen mit dem Mikrofon:

Friedrich Jürgenson praktizierte lange Jahre diese recht einfache und kostengünstige Methode. Der Vorteil liegt darin, daß kein Nachrichtensprecher oder Musik die Einspielung stören kann, wie bei der Radiomethode. Der Nachteil sind die recht leisen Stimmen. Unterstützung liefern da Kondensator/Elektred-Vorverstärkermikrofone. Die in der Mikrofonkapsel eingebauten Verstärker haben einen Verstärkungsfaktor bis zu dem Zehntausendfachen und mehr. Dazu benötigen sie eine Stromversorgung. Deshalb wird in den meisten Kondensatormikrofonen eine kleine Batterie eingelegt.

Sie nehmen eine neue Tonbandkassette, legen diese in den Recorder ein und führen erst einmal eine Testaufnahme durch. Dazu benutzen Sie entweder das eingebaute Mikrofon oder schließen ein externes Mikrofon an. Ein zusätzlicher Mikrofonverstärker kann hier zu besseren Ergebnissen führen.

Beachten Sie, daß die Kassetten üblicherweise ein Stück „Anfangsband" haben, auf das keine Aufzeichnung möglich ist. Starten Sie das Bandgerät mit der Aufnahmetaste. Sprechen Sie Datum und Uhrzeit ins Mikrofon. Spulen Sie das Band zurück, und kontrollieren Sie die Aufnahme auf ausreichende Wiedergabequalität. Bei manuell aussteuerbaren Geräten eventuell nachregeln. Stellen Sie das Zählwerk auf Nullposition.

Entspannen Sie sich, um sich dann sehr konzentriert auf Ihr Vorhaben einzustellen. Starten Sie jetzt die Aufnahme und bitten entweder um einen allgemeinen oder direkten Kontakt mit einem bestimmten Verstorbenen..
Bitten Sie darum, daß nur gute Wesen mit Ihnen in Verbindung treten sollen!
Lassen Sie zwischen den Fragen genug Zeit, so daß die „Jenseitigen" die Möglichkeit für eine eventuelle Antwort haben.
Die Einspielung sollte anfangs nicht länger als fünf Minuten dauern.

Dann spulen Sie das Band zurück .

Den meisten Arbeitsaufwand erfordert die Auswertung der Einspielungen. Sie erfordert sehr viel Geduld. Gerade für den Anfänger und den Ungeübten erfolgt jetzt eine wahre Sisyphusarbeit. Man muß erst ein Gehör für die paranormalen Stimmen bekommen.

Im Amateurfunkbereich spricht man von „Funkohren", die erst wachsen müssen, bevor man überwiegend im Kurzwellenbereich die Einseitenbandaussendungen versteht, deren Sender meist viele tausend Kilometer entfernt sind, und durch knisternde und prasselnde elektrostatische Felder gestört werden.

Ähnlich ist es beim Erlernen von Morsezeichen. Wenn man versucht, beim Abhören eines Morsetextes die „Striche und Punkte" zu zählen, um den Buchstaben zu ermitteln, ist man hoffnungslos verloren. Man muß ein Gefühl für den Zusammenklang eines Morsezeichens entwickeln. Vergleichbar mit einer Melodie. Dann erst ist es möglich, am Morsetelegraphieverkehr erfolgreich teilzunehmen.

Das Gefühl für den Klang einer Paraübermittlung kommt erst mit der Zeit. Die Wiedergabe der Stimmen ist trockener und härter als der gewohnte Klang eines Radiosprechers. Die aufgezeichneten Worte können anders als in unserem Sprachgebrauch üblich zusammengestellt sein. Die Reihenfolgen lassen oftmals mehrere Bedeutungen zu. Eine Wortfolge könnte lauten: „Reden tu du". Aus diesem Satz können unterschiedliche Schlußfolgerungen gezogen werden:

Erstens: „Sie werden aufgefordert zu sprechen."
Zweitens: „Der Kontakt ist hergestellt."
Drittens: "Die Aufforderung, mit jemandem Bestimmten zu reden."

Das stilistische Erscheinungsbild erinnert an eine Rhetorik, wie sie in den vorherigen Jahrhunderten verwendet wurde. Wieder andere werden in einem sehr gebrochenen und unzusammenhängenden Wortreigen aufgenommen. Die sinnvolle Zusammensetzung bleibt dann dem Experimentator selbst überlassen. Es ist vergleichbar mit Bausteinen aus einem Setzkasten. Die gleichen Steine können von verschiedenen Personen zusammengesetzt werden, wobei bei jedem ein anderes Gebilde entsteht. Häufig sind es auch nur Wortfetzen, die sich manifestiert haben.

Normalerweise gilt, daß auf fast alle Fragen eine zugehörige interpretierbare Antwort gegeben wird.

Die Parastimmen können sehr kurz und auch sehr leise sein. Oftmals ist erst nur ein Zischen oder eine kurze, dumpfe Tonfolge in den Sprechpausen zu hören. Suchen Sie einen solchen, möglichst kurzen Abschnitt, und spulen Sie ihn, wie oben beschrieben, immer wieder zurück, um ihn sich genauer anzuhören. Lassen Sie das Band unter Zuhilfenahme der Geschwindigkeitsregulierung langsamer laufen, um somit einen vielleicht besseren Spracheindruck zu erzielen.

Anfängern empfehle ich bespieltes Kassettenmaterial zum „Hineinhören“ und somit schnellerem Erfassen der Materie. Solche Kassetten erhalten Sie beim Verein für Tonbandstimmenforschung e.V. Dieser Leitfaden für das Gehör erleichtert den Einstieg wesentlich.

Ich könnte jetzt Hunderte von Einspielungen aufführen und diese analysieren und damit viele Seiten dieses Buches füllen. Doch darüber wurden schon genug Bücher veröffentlicht, so daß ich zu diesem Thema keine weitere Stellung beziehen möchte.

Vielmehr haben Sie nach dem Lesen dieser Anleitung die Möglichkeit, Ihr eigenes Repertoire an Manifestationen zu erstellen.

Wichtig ist, daß der Recorder schon aufnimmt, wenn Sie um einen Kontakt bitten. Nicht selten ist es der Fall, daß es schon direkt nach der „Bitte“ zu einer Manifestierung kommen kann.
Suchen Sie deshalb auch zwischen Ihren auf das Band gesprochenen Worte nach diesen Stimmen.
Vergleichen Sie es mit einem Dialog, den Sie mit einer beliebigen Person führen. Ein Gespräch ist normalerweise fließend. Mein Gesprächspartner antwortet also direkt auf meine Frage und nicht erst nach ein paar Sekunden.

Erwarten Sie daher auch eine fließende Kommunikation mit den „Jenseitigen".

Bitte beachten Sie:

Für alles, was Sie aus Ihren Einspielungen heraushören, gilt:

1. Behalten Sie immer einen klaren Kopf und benutzen Ihren gesunden Menschenverstand.

2. Jeder gut gemeinte Rat kann auch als böse Botschaft mißverstanden werden.

3. Die Transkommunikation soll Ihren Horizont erweitern, aber nicht Ihr Leben bestimmen.

Haben Sie viel Geduld, und nehmen Sie sich die Zeit für die Auswertung Ihrer Einspielungen. In den seltensten Fällen funktioniert eine Kontaktaufnahme beim ersten Versuch. Denken Sie daran, daß die „Jenseitigen" sich auch Ihrer annehmen müssen.

Vergleichen Sie es mit der Benutzung eines Telefons.
Der Teilnehmer am anderen Ende entscheidet, ob er das Gespräch annimmt oder nicht. Jedoch um so öfter es klingelt, desto wahrscheinlicher wird es sein, daß der Hörer abgenommen wird.

Das Hilfsmittel Radio:

Im vorangegangenen Abschnitt haben wir uns mit dem „Träger“ befaßt. Der Sinn des Radios ist die Zurverfügungstellung mehrerer Träger, welche die „Jenseitigen“ zur Umformung und Leistungsunterstützung nutzen können. Durch die Oszillatoren und Mischer in den Radiogeräten steht gleich eine Vielzahl von Trägerfrequenzen, vor allem im Hochfrequenzbereich, zur Verfügung.
Wahrscheinlich sind bei dieser Methode die umgewandelten Stimmen auf dem Tonband lauter zu hören und treten auch häufiger auf.

Ein Radiogerät wird in der Nähe des Kassettenrecorders aufgestellt. Zur Aufnahme des Radiosignals wird das eingebaute oder ein externes Mikrofon verwendet. Es besteht auch die Möglichkeit, ein Überspielkabel zu verwenden, sofern beide Geräte eine dafür vorgesehene Anschlußbuchse haben. Häufig entstehen aber Kompatibilitätsprobleme für die Anschlußstecker. Nehmen Sie notfalls die Geräte mit zu einem Fernsehfachgeschäft und lassen sich die geeigneten Kabel zusammenstellen.

Ist die Frage der Aufnahmetechnik geklärt, gibt es vier Möglichkeiten zur Sendereinstellung.
Für Anfänger eignet sich besonders gut das „Rauschen“.
Dazu schalten Sie das Radio ein und suchen sich eine Frequenz, auf der kein Sender zu hören ist, sondern nur ein Rauschen. Die Wahl des Frequenzbandes bleibt ihnen überlassen. Mit der Zeit wird sich eine bevorzugte Frequenz herauskristallisieren.

Mit diesem Rauschsignal erhalten Sie eine gute Geräuschkulisse, welche sich positiv für die Verbindungsaufnahme auswirken kann, ohne daß störende Stimmen oder Musik von den Radiostationen Ihre Aufzeichnungen negativ beeinflussen können.

Ein weiterer Aspekt ist, daß ein Kanal, auf dem nicht gesendet wird, offen ist für einen anderen Sender.

Die zweite Methode der Radionutzung ist die Einstellung eines Senders mit einem ausländischen Programm. Wichtig ist die ausländische Sprache deshalb, damit es nicht zu verwechselbaren Zusammenhängen zwischen dem programmeigenen Text und dem des „Jenseitig“ geformten kommt. Welcher Sender benutzt wird, bleibt Ihnen überlassen. Einige Tonbandamateure bevorzugen Sender aus den Ostblockstaaten. Wechseln Sie anfangs auf verschiedene Frequenzen, bis sich die geeignetste herausgestellt hat.

Für die dritte Möglichkeit wird ein Weltempfänger gebraucht.

Diese Empfänger decken, anders als einfache Radios, einen Frequenzbereich von 150 kHz bis 30 MHz ab. Bei hochwertigeren Empfängern ist dieser Bereich lückenlos. Zusätzlich kann noch auf andere Modulationsarten wie SSB (USB/LSB) zurückgegriffen werden. Wichtig ist das Einstellen einer Frequenz im Kurz-, Mittel- oder Langwellenbereich, die so günstig zwischen zwei Sendern liegt, daß sie einmal von der einen und dann wieder von der anderen Sendestation überlagert wird. Die Fachbezeichnung hierfür nennt man „Fading“.

Bei dieser Überlagerung hofft man auf direkte Umformung der ausgestrahlten Modulation durch die „Jenseitigen“. Günstig ist da z.B. die Frequenz 15.091 kHz. Zu großer Bekanntheit in der Tonbandstimmenforschung wurde die Jürgenson-Welle. Sie befindet sich im Mittelwellenbereich auf etwa 1480 kHz und wurde nach seinem Benutzer Friedrich Jürgenson benannt. Die Empfangsstärke der Sender in diesem Bereich steigt mit zunehmender Dunkelheit.

Für die Feldstärke und somit die Empfangbarkeit der Sender gilt allgemein: Für die Tageslichtstrecke, also von Sonnenauf- bis Sonnenuntergang, sind höhere Frequenzbänder über 15.000 kHz besser. Und in der Nachtlichtstrecke sind die Frequenzen unterhalb 15.000 kHz besser hörbar.

Die Durchführung der dritten Methode sei aber nur für erfahrene Tonbandstimmenfreunde empfohlen. In das Stimmengewirr kann leicht etwas hineininterpretiert werden, was nicht durchgesagt wurde. So erliegen Sie schnell eigenen Täuschungen, ohne sie beabsichtigt zu haben. Zu leicht hören wir genau das, was „wir“ hören wollen, jedoch nicht durchgesagt wurde.

Einspielung mit einem Radio. Links der Weltempfänger, in der Mitte der Recorder und das Tischmikrofon, rechts der Mikrofonverstärker.

Die Benutzung von zwei Radiogeräten.

Der Vorteil dieser Methode liegt klar auf der Hand. Mit zwei Rundfunkempfängern haben Sie die doppelte Anzahl von Oszillation und ein Mehrfaches an Frequenzen, welche von den Geräten erzeugt werden. Weiterhin verknüpfen Sie so die erste und die zweite Radiomethode, indem der eine Empfänger auf eine Fading-Frequenz gestellt wird. Das andere Radio stellen Sie auf einen Rauschkanal, also offene Frequenz ein.
Auch hier besteht die Möglichkeit, über Mikrofon oder Überspielkabel einzuspielen. Die besten Ergebnisse ermitteln Sie auch hier durch Ausprobieren.

Wichtig: Koordinieren Sie ihr ganzes Vorhaben auf dem Gebiet der Tonbandstimmenforschung. Das heißt, versuchen Sie die Kontaktaufnahme

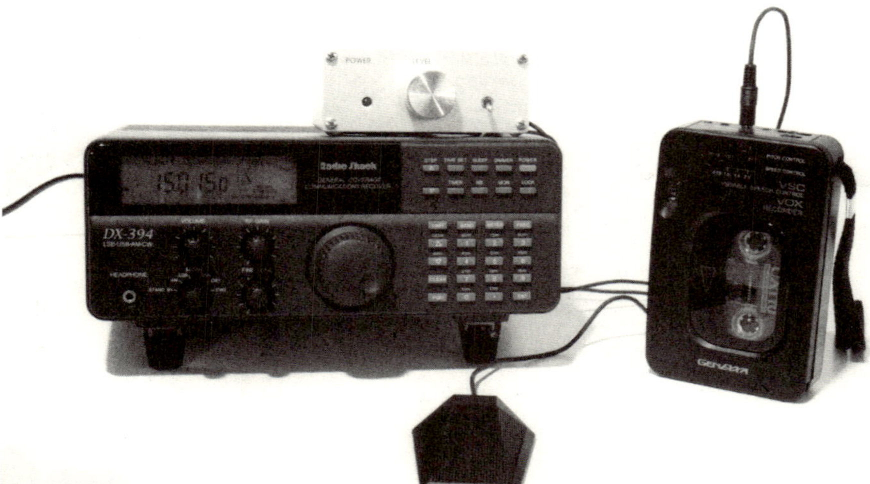

Einspielung mit einem professionellen Kurzwellenempfänger.
Links Realistic Empfänger DX-394, darauf der Mikrofonverstärker, rechts der Kassettenrecorder und im Vordergrund das Tischmikrofon.

immer an den gleichen Tagen und zur gleichen Tageszeit. Bei der Benutzung von Radiogeräten verwenden Sie bitte immer wieder die selben Frequenzen, auf denen Sie schon Erfolg gehabt haben. Es sei denn, es werden andere von „drüben“ durchgegeben.
Rufen Sie immer den ausgewählten Teilnehmerkreis zur Kontaktaufnahme an. Nehmen Sie keinen Kontakt mit negativen Geistwesen auf. Den Unterschied zwischen guten und bösen Geistwesen werden Sie mit der Zeit erkennen. Fragen Sie in Vereinen nach bekannten „jenseitig“ aktiven Gruppierungen.
Benutzen Sie immer Ihren gesunden Menschenverstand, und lassen Sie sich von ihrem Gefühl leiten. Für Ihr gesamtes Leben sollten Sie sich auf Ihren Instinkt verlassen. Das erste Gefühl ist meist die richtige Entscheidung.

Mikrofone:

In allen tragbaren Kassettengeräten sind Mikrofone eingebaut. Viele nehmen neben dem erwünschten Signal auch die Laufgeräusche des Recorders auf. Besser sind externe Mikrofone. Die im Fachhandel erhältliche Palette reicht vom einfachen dynamischen Mikrofon bis zum extrem teuren Studiosystem. Für unsere Zwecke reicht ein Kondensator-Elektredmikrofon mit Nierencharakteristik (das beschreibt den nierenförmigen Aufnahmebereich) aus. Die Dynamik dieser Mikrofone ist sehr umfangreich. Das heißt, der Frequenzbereich erstreckt sich von ca. 20Hz bis 20000 Hz. Im meist nur erbsengroßen Mikrofon ist ein hochwertiger Verstärker untergebracht. Nur sehr teuere dynamische Mikrofone erreichen ein wesentlich besseres Klangvolumen. Ein Kondensator-Elektredmikrofon erkennen Sie daran, daß es zum Betrieb eine Batterie braucht. Häufig nur eine kleine Mignonzelle, manchmal auch eine sehr umweltfreundliche Quecksilberzelle. Richtmikrofone, wie sie bei Videokameras angewendet werden, können zwar auch benutzt werden, sie nehmen jedoch nur den Schall aus einer Richtung auf und sollten immer vom Experimentator wegzeigen.
Im Funkfachgeschäft gibt es preisgünstige Standmikrofone für den CB-Funkbereich. Diese sind mit einstellbaren Verstärkern und Echogeräten ausgestattet. Der Echoeffekt bietet neben dem Raumklang eine Tiefendynamik, wie man es von einer großen Kirche her kennt. Die Stromversorgung erfolgt bei den Standmikrofonen in den meisten Fällen über eine 9Volt Batterie. Erkundigen Sie sich beim Kauf eines Mikrofons nach dem Stromverbrauch. Manche Standmikrofone sind wahre Batteriefresser. Empfehlenswert ist, gleich ein Akku mit entsprechendem Ladegerät zu kaufen. Das ist mit der Zeit billiger und schont außerdem die Umwelt.
Der Aufstellungsort des Mikrofons sollte so gewählt werden, daß keine störende Geräusche wie Straßenlärm oder Vibrationen und Rumpeln übertragen werden. Notfalls das Mikrofon auf ein Kissen oder ein Stück Schaumgummi legen.

Kapitel 3a

Ab hier wird's technisch.

Wie schon mehrmals erwähnt, werden nicht unbedingt viele technische Hilfsmittel für die Transkommunikation benötigt. Ein Kassettenrecorder, ein Mikrofon mit einem guten Zusatzverstärker und ein einfaches Multibandradio (Weltempfänger) sind völlig ausreichend. Das folgende Kapitel ist für Bastler und Profis gedacht. Als Laie können Sie es beruhigt überspringen. Die weiteren Kapitel sollten jedoch unbedingt gelesen werden. Weiterhin viel Spaß dabei.

Im folgenden Abschnitt werden Zusatzgeräte beschrieben, die sowohl eine Verbesserung der Tonqualität bringen als auch als Basis für die Trägererzeugung fungieren. Es enthält viele Ratschläge für den Selbstbau von Geräten sowie die Anwendung von Bausteinen, wie sie im professionellen Tonstudio und in der Amateur-Tonbearbeitung verwendet werden.
Viele dieser Geräte sind im Handel erhältlich und müssen nur mit den passenden Kabeln zusammengesteckt werden. Fragen Sie vor dem Kauf nach dem richtigen Anschlußmaterial für Ihren Recorder. Aber denken Sie daran, auch die beste Technik kann nicht zaubern, und nicht bei jedem stellt sich der gleiche Erfolg bei gleichem Equipment heraus.

Den Hobbybastler bitte ich um äußerste Vorsicht vor allem im Umgang mit selbstgebauten Geräten, die mit 230 Volt Netzstrom arbeiten. Beachten Sie: „Mit fortschreitender Routine kommt der Leichtsinn".

Mikrofonverstärker:

Im Kapitel Schaltbilder sind für den geübten Hobbybastler Vorlagen für den Selbstbau von Mikrofonvorverstärkern abgedruckt. Die Bauteile sollten immer als rauscharm ausgelegt sein. Zum Beispiel ist bei einem Operationsverstärker anstatt eines LM / NE 741 besser ein NE 5534N zu verwenden. Beide Typen sind pinkompatibel. Als Transistoren sind BC 239 rauschärmer als BC 237.

Die fertige Platine muß in ein abgeschirmtes Gehäuse z.B. Weißblech eingebaut sein, um Brummeinstrahlung zu verhindern. Es könnte unerwünschter Weise auch der nächstgelegene Ortssender demoduliert werden. Aus gleichem Grund sind alle Niederfrequenzleitungen mit abgeschirmten Kabeln auszuführen. Auf der Platine sollten zwar genug Masseflächen vorhanden sein, es ist aber darauf zu achten, daß dabei keine Brummschleifen entstehen.

Das gleiche gilt für die Stromversorgung. Netzgeräte müssen extern gut gesiebt ausgelegt sein, um Netzbrummen zu unterdrücken. Bauen Sie immer ausreichend große Kondensatoren (1000 uF) in direkter Nähe des Vorverstärkers in die Stromzuführung ein.

Am einfachsten ist eine Batterieversorgung oder Akkuversorgung. Aber auch da muß ein größerer ElKo (min 470 uF) eingebaut werden, um Eigenschwingungen zu vermeiden. Leuchtdioden sind zwar eine gute Betriebskontrolle, fressen bei falscher Dimensionierung aber viel Strom. Vor allem beim Batteriebetrieb sind Power LED´s vorzuziehen.

Ein weiterer Vorteil beim Batteriebetrieb ist die Störunanfälligkeit gegenüber netzgekoppelten Rundsteuereinrichtungen und Sprechanlagen sowie netzgekoppelten Babysittern. Wir wollen ja nicht, daß sich unsere Geisterstimme als Nachbars kleiner Sprößling entpuppt. Die Blamage und die Unglaubwürdigkeit vor Freunden und Bekannten würden der gesamten Transkommunikation unnötigen Schaden zufügen.

Das Aufnehmen der Rundsteuersignale der örtlichen Energieversorgungsunternehmen ist bei Recordern mit 230Volt Anschluß unvermeidlich. Sie werden aber anhand ihrer Regelmäßigkeit gut erkannt und sollten deshalb auch bei Gruppeneinspielungen sofort als solche deklariert werden.

Klangregelstufen:

Das Einbringen von unerwünschtem Rauschen, welches häufig von den Halbleitern wie Transistoren und IC`s herrührt, kann durch das Einschleifen von Klangregelstufen bekämpft werden. Da das Sprachsignal einen Umfang von 300 bis 3000 Hz aufweist, können entsprechende Filter die Störsignale absenken. Auch Equalizer können verwendet werden.

Ein aufgespürter Sprachabschnitt in einer Einspielung kann mit einem Notchfilter besser herausgesiebt werden. Solche Filter finden im Amateurfunkbereich ihre Anwendung. Sie werden dort eingesetzt, um ein Sprach- oder Telegraphiesignal aus dem Frequenzendurcheinander wie Überreichweiten oder Fading von anderen Sendern herauszufiltern, so daß eine Bearbeitung ohne Schwierigkeiten möglich ist.
Die Preisklasse guter Filter liegt weit über 300,- DM. Prozessorgesteuerte Filter, kurz DSP genannt, erreichen schnell die Tausendmark-Klasse.

Equalizer:

Zur Nachbearbeitung des Kassettenmaterials stellen Equalizer gute Audiofilter dar. Sie bestehen aus der Zusammenschaltung von Tiefpaß, Hochpaß und den dazwischenliegenden Bandpässen. Die Anzahl der Bandpässe ist quasi unbegrenzt.
In der Hi-Fi Anwendung finden wir fünf- und zehnkanälige Baugruppen wieder.

Ein professionelles Tonstudio ist ohne Equalizer undenkbar.
Auch hierzu sind Schaltbilder unter dem entsprechenden Kapitel illustriert.

Mischpulte:

Um mehrere Mikrofone gleichzeitig benutzen zu können, muß ein Mischpult verwendet werden. Damit haben Sie die Möglichkeit, verschiedene Eingangsimpedanzen und somit auch unterschiedliche Signalleistungen richtig an den Recorder anzupassen.

Reine Mikrofonmischpulte gibt es nur sehr wenige. Sie werden meist nur für den professionellen Bereich wie Bühnentechnik und Tonstudios hergestellt, und sind in der Anschaffung verhältnismäßig teuer. Billige Heimmischpulte sind auf die heutige Stereotechnik ausgelegt und deshalb für unsere Zwecke nur bedingt brauchbar. Aus diesem Grund habe ich auch im Kapitel „Schaltbilder" einfache Varianten von Mischpulten abgedruckt. Achten Sie darauf, daß die Mikrofonvorverstärker die Mischpulteingänge nicht übersteuern.

Preisgünstige Mikrofonmischpulte, wie sie für einfache Bühnenanwendung benutzt werden, sind mit 6,3 mm Klinkenbuchsen ausgestattet. Legen Sie sich am besten einen Vorrat an Adaptersteckern zu.

Kapitel 3b

Zusätzliche technische Hilfsmittel:

Anmerkung: Die nun aufgeführten Geräte sind zur Unterstützung, Erzeugung und Verstärkung von Trägern gedacht. Einige werden schon seit langer Zeit von Experimentatoren benutzt, andere sind von mir selbst entwickelt worden. Es sind Bausteine, wie sie auch in einem handelsüblichen Radiogerät verwendet werden. Wie zum Beispiel der Oszillator. Er ist ein Puzzleteil, das von jedem Elektronikbastler aufgebaut und weiter entwickelt werden kann. Wie gut all diese Bausteine für die Transkommunikation sind, muß jeder Experimentator selbst heraus finden.

Die Abhandlung dieser Geräte, sowie ihre Schaltungsunterlagen, sind ohne Berücksichtigung auf Urheberrechte und die Gewährleistung ihrer Funktion abgedruckt worden. Sie sind nur für den privaten Bereich zu nutzen und dürfen nicht für kommerzielle Zwecke nachgebaut werden.

Einige elektronische Baugruppen finden heute in ganz alltäglichen Haushaltssachen wie Waschmaschine, Mikrowellenherd und Spülmaschine ihre Anwendung.

Auch wenn uns momentan der physikalische Bezug zur Arbeitsweise fehlt, sollten wir doch nicht unbedingt die Funktion in Frage stellen.
Die gleiche Temperatursensor-Schaltung kann im Fernseher als Schutzschaltung fungieren oder in der Waschmaschine die Wassertemperatur steuern. In einem Kernkraftwerk eine Pumpe überwachen, oder im Auto die Klimaanlage regeln.
Die Elektronik ist heute universell einsetzbar und aus unserem täglichen Leben nicht mehr wegzudenken.

Die Diodenbrücke:

Als Geradeaus- oder Diodenempfänger ist diese Schaltung als Grundversion eines jeden Radios bekannt. Dabei wird das von einer Antenne über einen Kondensator eingekoppelte HF-Signal einer Diode zugeführt. Das dort demodulierte Frequenzspektrum steht dann als umformbarer Träger zur Verfügung. Der Ausgang der Diode (Kathode) wird am Mikrofoneingang des Kassettenrecorders angeschlossen. Ein Kondensator (2.2 nF) vermeidet eingekoppelte Brummspannung.

Nach dem Anschluß des Diodenempfängers an einen Nf-Verstärker sollte ein schwaches Radiosignal empfangen werden. Die Länge der Drahtantenne sollte solange verkürzt werden, bis das Radiosignal gerade noch zu hören ist (ca. 5 bis 30cm).
Auf diese Art empfangene Sender werden im Kurz-, Mittel- oder Langwellenbereich abgestrahlt. Ihre Betriebsart ist die Amplitudenmodulation. Früher wurden solche Empfänger wegen ihres einfachen Aufbaus und somit ihrer Kompaktheit „Steichholzschachtel-Radio“ genannt.

Prof. Alex Schneider (St.Gallen/Schweiz) gilt als Erstanwender dieser Einspielungsmethode. Wegen ihrer Einfachheit dürfte es kein Problem sein, diese Schaltung auch von einem Elektroniklaien aufzubauen. Ein Lötkolben (30 Watt), Elektroniklot, die fünf Bauteile, schon kann es losgehen. Der Aufbau sollte nicht fliegend verdrahtet, sondern besser auf einer Lochrasterplatine aufgebaut werden.

Die gesamte Schaltung sollte in ein kleines HF-dichtes Gehäuse (Aluminium oder Weißblech) eingebaut werden. Die Antennenzuführung sowie die NF-Ausgangsleitungen werden durch möglichst kleine Löcher in das Gehäuse geführt.

Zusätzlich zu dieser Demodulatorschaltung kann ein Mikrofon angeschlossen werden, so daß eine normale Stimmeneinkopplung möglich wird.
Den Schalt- und Bestückungsplan finden Sie im Kapitel 12.

Der Breitbandempfänger:

Wünschenswert ist ein Empfänger, der durchweg das gesamte Frequenzspektrum empfängt. Er sollte nicht abstimmbar sein, so daß er alle Frequenzen gleichzeitig empfängt.
Eine Breitbandempfängerschaltung ist in diesem Buch abgebildet.
Der Frequenzbereich erstreckt sich vom Langwellenband bis zu den Ultrakurzwellen (UKW). Mit diesem Breitbandempfänger können sehr gute Ergebnisse erzielt werden, da beim Vorhandensein derart vieler Frequenzen die Wahrscheinlichkeit des Stimmenempfangs recht hoch ist. Auch hier wird ein Mikrofon in den Eingangskreis des Empfängers eingeschleift.
Industriell werden solche Empfänger leider nicht hergestellt.
Als Industriemeßgerät gibt es den Spectrumanalyzer, der zwar auch ein weites Frequenzspectrum empfängt, aber die einzelnen Frequenzen aufrastert und auf einem Bildschirm graphisch darstellt.
Zum Nachbau des Breitbandempfängers finden Sie auch hier den Schalt- und Bestückungsplan im Kapitel 12.

Die Selbstsendermethode:

Wie der Name schon verrät, strahlt ein Sender Leistung aus, die von einem Empfänger aufgefangen und dann demoduliert wird. Der Sender liefert dabei entweder nur einen Träger oder wird amplituden- beziehungsweise frequenzmoduliert.

Von dem Nachbau von Sendern, die im HF-Bereich arbeiten, das heißt über 30 kHz, rate ich aus rechtlichen Gründen ab. Solche Sender, auch wenn sie nur wenige mW aufweisen, sind genehmigungspflichtige Funkanlagen. Diese dürfen nur von befugten Personen, wie zum Beispiel lizenzierten Funkamateuren, aufgebaut und betrieben werden, sofern sie in einem Amateurfunkband arbeiten.

Das Betreiben eines Senders, und sind die Absichten auch noch so nichtig, ist in der Bundesrepublik Deutschland verboten..

Das Psychofon 2:

Ein bekanntes Gerät zur mehrfachen Unterstützung der Einspielungen ist das Psychofon 2.
Erfinder dieses Apparates war der Wiener Ingenieur Franz Seidel. Es wird heute in einer weiter entwickelten Form von Experimentatoren eingesetzt. Es soll eine Kombination aus Breitbandempfang, Selbstsender und Mikrofonverstärker sein.
Ein empfangenes Hf-Signal wird breitbandig zweistufig verstärkt und von einer Germaniumdiode demoduliert. Am Ausgang der Schaltung wird zusätzlich noch ein Mikrofon zum empfangenen Signal eingekoppelt und nachträglich mit einer Transistorstufe verstärkt.

Das Psychofon 2 ist somit ein Breitbandempfänger für Amplitudenmodulation. In den Empfängerkreis kann am zweiten HF-Transistor im Kollektorkreis ein Oszillator eingeschleift werden. Dieser Baustein soll als Selbstsender fungieren. Da das Oszillatorsignal direkt in den Ausgang des zweiten Verstärkers eingespeist wird, ist von einer Selbstsendung nicht zu sprechen, da kein HF- Signal abgestrahlt wird.

Die Methode dieses Aufbaus ist in der professionellen Empfängertechnik schon lange bekannt. Das Lokal-Oszillator-Prinzip diente in SSB-Empfänger zur Trägerzusetzung. Heute erledigen diese Arbeiten digitale PLL-Bausteine.

Nach Überprüfung der mir zur Verfügung stehenden Schaltungsunterlagen kann ich den Selbstsender nicht als eine Sendeanlage bezeichnen. Deshalb ist der Nachbau als unkritisch im Bezug auf die Rechtslage zu betrachten. Zur Einhaltung der EMV ist das Psychofon in ein HF-dichtes Gehäuse einzubauen. Aus gleichem Grund ist die Empfangsantenne nicht länger als einen halben Meter auszulegen.

Der Unterschied zum Psychofon 1 liegt in der Leistungsregelung und somit der Arbeitspunkteinstellung der Verstärkertransistoren.

Der große Vorteil des Psychofons liegt in der breiten Transparenz, die der Erbauer von Anfang an seinem Projekt angedeihen ließ. Kein kleines, geheimnisvolles schwarzes Kästchen, sondern Schaltbilder für den Nachbau von Beginn an. Experimentatoren berichten von guten Erfahrungen mit diesem Gerät. Für interessierte Bastler hat der Verein für Tonbandstimmenforschung e.V. eine Broschüre von Ing. Seidel nachdrucken lassen. Das 63 Seiten umfassende Buch ist dort für 11,-DM erhältlich.

Der Oszillator:

Oszillatoren sind Schwingungserzeuger, die unter Zuhilfenahme aktiver Verstärkerelemente Schwingungen über einen bestimmten Zeitraum aufrecht erhalten. Die Schwingungen können rechteckförmig oder sinusförmig sein.

Da wir bei vielen Einspielungsmethoden Radios, Metronome oder ähnliche Geräte zur Hilfsträgererzeugung benutzen, stellt hier eine Oszillatorschaltung die eleganteste Lösung dar.
Die Generatoren können so konstruiert werden, daß sie fest oder variabel auf allen erwünschten Frequenzen arbeiten. Zusätzlich besteht durch den Aufbau mehrerer Oszillatoren die Möglichkeit, verschiedene Trägerfrequenzen sowie deren Mischprodukte darzustellen.

Es ist aber darauf zu achten, daß Oszillatoren im Hochfrequenzbereich Störungen im Rundfunk, Fernsehen und in anderen Funkdiensten machen können. Ich empfehle deshalb, den Arbeitsbereich der Generatoren auf maximal 30 kHz und sehr geringe Leistung zu beschränken.

Eine „besondere“ Arbeitsfrequenz kann leider nicht angegeben werden. Sie muß durch Einspielversuche ermittelt werden. Vielleicht können Sie mir dann eine zu favorisierende Frequenz mitteilen, die ich in einem weiteren Buch veröffentlichen werde.

Als Hilfsmittel zur Frequenzbestimmung können digitale Frequenzzähler bei den Einspielversuchen eingesetzt werden. Kleine kompakte Zähler werden ab etwa 100,-DM angeboten..

Multivibratorschaltungen gibt es als Bausätze und Fertiggeräte. Sie reichen von billigen Transistorschaltungen, C-MOS IC4011, Timer IC NE 555, bis hin zu dem teuren Funktionsgenerator IC von Maxim. Fertiggeräte werden in den Preisklassen von 250,-DM bis hin zum vielen tausend Mark teuren Präzisionsgenerator von HP angeboten.
Schaltpläne für verschiedene Multivibratoren finden Sie unter Kapitel 12.

Der dynamische Rauschgenerator:

Der Nachteil eines Oszillators besteht darin, daß nur eine wenn auch variable Frequenz abgestrahlt werden kann. Ein Rauschgenerator verwendet zum Beispiel die Arbeitshysterese einer Zehnerdiode als Rauschquelle. Ein dynamisch herausgefilteter Frequenzbereich kann (statt nur eine Frequenz) ein beliebiges Frequenzspektrum darstellen. Problematischer ist die Aussendung dieses Spektrums.
Beim einkanaligen Frequenzgenerator kann die Leistung über einen Resonanzkreis abgegeben werden.

Der niederfrequente Rauschgenerator muß seine Energie über einen Lautsprecher ausstrahlen, wobei die Spule die Amplituden der höheren Frequenzen negativ beeinflußt. Das vom Lautsprecher abgestrahlte Audiospektrum kann sehr unangenehm für unsere Ohren sein und mehrstündige Kopfschmerzen verursachen.

Vermeiden Sie unbedingt Frequenzspektren im Schmerzwellenbereich. Sie können dem Gehör irreparable Schäden zuführen.

Hochfrequente Rauschgeneratoren benötigen Antennen mit hoher Bandbreite, die mechanisch aufwendig zu realisieren sind.

Die Lichtbrücke:

Aus Applikationen geht hervor, daß sich einige Experimentatoren mit unsichtbarem Licht (Infrarotlicht) als Modulationsbrücke beschäftigen.
Der Sinn solcher Sendebrücken besteht darin, den „Jenseitigen“ ein bestimmtes Lichtspektrum zur Verfügung zu stellen, welches sie modulieren können. Ein oder mehrere Lichtträgerwellen stehen dabei für die Übertragung einer Modulation zur Verfügung.

Zur Funktion:

Auf einem beliebigen Platz wird ein Infrarotsender aufgestellt, welcher seine unsichtbaren Lichtstrahlen (ähnlich wie bei der Fernbedienung des Fernsehers) durch den Raum zu einem Empfänger schickt. Der Empfänger demoduliert das Signal, welches von einem Operationsverstärker hoch verstärkt wird. Das gewonnene Audiosignal kann dann vom Kassettenrecorder aufgezeichnet werden.

Der Infrarotsender eröffnet uns eine Vielzahl von Übertragungsmöglichkeiten: Die einfachste ist, die Sende-LED mit Strom zu versorgen. Das somit ausgestrahlte Licht steht dann zur Modulation zur Verfügung.

Die zweite Möglichkeit ist der Anschluß eines Mikrofons an den Sender. Das aufgenommene Mikrofonsignal wird dann zum Sender übertragen, und kann somit im Raum zur Stimmenmanifestation ummoduliert werden. Vorstellbar ist auch, anstatt des Mikrofons ein Radiogerät an den Infrarotsender anzuschließen. Frequenzeinstellungen siehe Radiomethoden. Eine dritte Variante stellt eine zusätzlich rückgekoppelte Hochfrequenz-Funkstrecke zur Trägerunterstützung dar.

Wahlweise stehen zwei Modulationsarten zu Verfügung:

1. Amplitudenmodulation.
2. Frequenzmodulation.

Welche von diesen zwei Arten unsere „jenseitigen“ Freunde bevorzugen, bleibt dem Experimentator überlassen. Eine frequenzmodulierte Funkstrecke ist in ihrem technischen Umfang aufwendiger und deshalb teurer zu realisieren.

Wie zu ersehen, stellt diese Einspielungsmethode einen großen Spielraum für eigene technische Experimente zur Verfügung. Empirisches Ermitteln heißt das Gebot der Stunde.

Ultraschallgeräte:

Was mit Infrarot funktioniert, arbeitet mit Ultraschall natürlich auf gleiche Art und Weise. Lediglich wird die Infrarot LED durch einen Ultraschallwandler ersetzt. Technisch sind diese Schaltungen etwas aufwendiger als die Infrarotbaugruppen.

Haustierbesitzer sollten jedoch auf diese Geräte verzichten. Was für Herrchen seine Experimente sind, kann für Dackel Waldi eine tierische Quälerei sein. Hundeohren reagieren sehr empfindlich auf die für Menschen nichthörbaren Aussendungen. Aus diesem Grund rate ich von den Ultraschall-Stechmückenvertreibern und sonstigen Piepsern ab. Auch wenn sie von einigen Experimentatoren als die „Geheimwaffe“, gegen was auch immer, empfohlen wird.

Das Ätherophon:

Eine althergebrachte Möglichkeit zur Tonerzeugung ist das Ätherophon. Später wurde es auch nach seinem russischem Ingenieur und Erfinder der Ätherwellenmusik Lew Termen Thereminovox genannt. Zu seiner Zeit war dieses Musik-instrument eine große Sensation, die Konzertsäle füllte. Es zog die Komponisten so stark in seinen Bann, daß es die Musiker zu artistischen Leistungen anspornte. Heute ist das einstmalige Wunderwerk leider in Vergessenheit geraten. Aber vielleicht bastelt jetzt gerade ein Musikfreak an einer neuen Kreation mit diesem Thermin-Oszillator.

Als magischer Tonerzeuger könnte er prädestiniert sein für die Anwendung in der Transkommunikationstechnik. Dabei gilt es technisch die Empfindlichkeit der Parasitärkapazität auf ein Maximum zu steigern. Ein Schaltungsauszug des Grundgerätes ist in diesem Buch abgedruckt.

Zur Funktion:
Es handelt sich bei diesem Gerät um einen Oszillator, der sich bei Annäherung der Hand oder anderer Körperteile verstimmt und seine Frequenz dadurch verändert. Der angenäherte Körper bildet dabei eine Parallelkapazität. Ein offener Kondensator, bestehend aus einer Antenne, verstimmt den Oszillatorkreis. Die Empfindlichkeit steigt dabei mit der Vergrößerung der Antenne. Die Tonhöhe steigt mit der Abnahme der Entfernung des Körpers zur Antenne.

Zur technischen Realisierung müssen zwei Oszillatoren über einen Mischer miteinander verknüpft werden. Die Einkopplung der Handkapazität und die somit verbundene Oszillatorverstimmung kann nur im Hochfrequenzbereich durchgeführt werden. Der zweite Oszillator erzeugt eine Subtraktionsfrequenz, die in einem Mischer vom Hauptoszillatorsignal abgezogen wird. Somit bleibt dann das Nutzsignal in einem Frequenzbereich von 0-20 kHz über.

Das Ätherophon kann als eigenes Gerät oder auch zusammen mit einem Mikrofon an den Kassettenrecorder angeschlossen werden. Weiterhin besteht auch die Möglich der Zusammenschaltung mit einer Lichtbrücke. Die Antenne des Oszillators kann sowohl im freien Raum aufgestellt werden als auch in der Nähe der fragenden Person stehen. Die besten Ergebnisse müssen empirisch ermittelt werden.

Mehrfachsysteme der Spiricomgruppe:

Aus den USA kommen Forschungsberichte über verschiedene aufwendig hergestellte Gerätschaften, die Transkommunikationszwecken dienen. Ihre Komplexität in allen technischen Einzelheiten zu schildern, würde den Rahmen dieses Buches sprengen. Sie bestehen aus Generatoren, die ein niederfrequentes Spektrum erzeugen, das aus einzelnen Grundtönen besteht. Diese werden gemischt und einem Hochfrequenzsender zugeführt. In einer Funkstrecke steht das Signal für die „Jenseitigen" zur Formung zur Verfügung. Ein Empfänger demoduliert und verstärkt das Nutzsignal und führt es einem Lautsprecher zu. Der Lautsprecher strahlt das Audiosignal in einen Raum ab. Über ein Mikrofon wird dann das mit Raumklang behaftete NF-Signal auf einem Bandgerät aufgenommen.
Für den technisch versierten Bastler stellt die Erzeugung und korrekte Mischung mehrerer Einzeltöne eine größere Herausforderung dar. Aber schon bei der Abstrahlung des Mischproduktes über einen HF-Sender macht uns die Telekom einen Strich durch die Rechnung. Auch wenn die Leistung auf wenige mW begrenzt wird.

Die Gehirnwellenebene:

Dieser Beitrag ist wohl das herausfordernste Projekt, an dem sich noch so mancher Elektronikspezialist die Zähne ausbeißen wird.

Gehirnwellen werden in einem sehr niederfrequenten Bereich aufgezeichnet (EEG). Dieser Bereich erstreckt sich von null bis etwa dreißig Hertz. Vorstellbar ist, daß gerade wegen dieser enormen Wellenlänge eine telepathische Verbindung über viele tausend Kilometer möglich wird.
Die Bandbreite der Übertragung ist zwar sehr schmal, kann jedoch das gesamte Sprachspektrum in komprimierter Form enthalten.

Meine Theorie ist folgende:
So wie bei einem Kurzwellenradio Bänder gespreizt werden können, besteht die Möglichkeit das schmale Spektrum der Gehirnwellen zu spreizen. Jede dabei in kleinste Abstände aufgeteilte Frequenz wird um den Faktor einhundert vervielfacht und somit auf unser hörbares Sprachniveau gebracht. Unser Telefon hat beispielsweise einen Übertragungsbereich von 300 - 3000 Hz. Dreihundert Hertz entspricht einem sehr tiefen und dreitausend Hertz einem hohen Ton. Nehmen wir eine Deltawelle von 3Hz und multiplizieren sie mit dem Faktor hundert, so hören wir einen 300Hz Ton. Desgleichen eine Betawelle mit 30Hz verhundertfacht, so hören wir einen Ton von 3000Hz.
Nehmen wir nun noch die Theta- und Deltawellen hinzu und splitten den gesamten Bereich in 0,1Hz Stufen auf, so hören wir das dekomprimierte Hirnwellenspektrum. Wobei die Verkleinerung der Abstufungssteps eine Verbesserung der Klangqualität ergebe.

Bei meinen Recherchen zu einem brauchbaren Niederfrequenz-Vervielfacher ab einem Hertz fragte ich einen angehenden Diplomingenieur der technischen Universität Kaiserslautern um Rat.
Verschmitzt antwortete er mir mit einem Lächeln:
„An diesem Problem arbeiten wir schon seit langem."
„Wie?" Entgegnete ich erstaunt.
„Ihr forscht im Bereich der Transkommunikation?"
„Nein!" Sagte er.

„Unser Projekt heißt Phasenmodulation und würde, wenn es eines Tages funktioniert, ein Meilenstein für die Datenübertragung im Internet sein."

Da sieht man es mal wieder. Was Großrechner nicht schaffen, bewältigt unser Gehirn mühelos.

Vielleicht ist die Phasenmodulation nicht nur eine revolutionäre Weiterentwicklung für das Internet, sondern auch der Schlüssel der Telepathie und letztendlich der Transkommunikation.

Kapitel 3c

Rund um den Kassettenrecorder.

Der Stereokassettenrecorder:

Stereokassettenrecorder haben den Vorteil der Vierspurtechnik. Wobei je zwei Spuren auf der oberen und zwei Spuren auf der unteren Bandhälfte benutzt werden. Mit normalen Geräten können Sie immer nur auf zwei Spuren zugreifen. Je nachdem wie die Kassette eingelegt ist. Man spricht bei diesen Spuren auch von Kanälen. Sie werden bezeichnet als rechter und linker Kanal. Der Vorteil gegenüber einem einfachen Monorecorder liegt darin, daß eine Aufnahmequelle an den rechten Kanal, zum Beispiel ein Mikrofon, und an den linken Kanal, zum Beispiel ein Radio, angeschlossen werden kann.

Älterer Stereorecorder. Günstiges Schnäppchen aus einem An- und Verkaufladen. Die analogen VU-Meter erleichtern die Aufnahme wesentlich.

Beide Kanäle lassen sich anschließend auch einzeln auf manifestierte Stimmen abhören. Das geschieht entweder an der Kopfhörerbuchse, dort liegen nämlich beide Kanäle getrennt an. Der eine für die rechte Kopfhörermuschel und der andere für die linke Kopfhörermuschel. Oder an dem NF-Ausgang für einen externen Verstärker.

Rückwärtsstimmen durch Autoreverse-Systeme:

Die Tatsache, daß viele Tonbandstimmen auch rückwärts abgehört einen Sinn ergeben, läßt den Einsatz von modifizierten Autoreverse- Recordern zu. Kein handelsübliches Gerät ist in der Lage, eine Kassette rückwärts abzuspielen. Deshalb muß ein Abspielgerät für diesen Zweck erst einmal modifiziert werden. Mehrere Varianten an Laufrichtungsumschaltungen erfordern zum Teil erhebliches handwerkliches Geschick. So gibt es Recorder, bei denen der Tonkopf entweder mechanisch oder mit einem Elektromagneten umgedreht wird. Andere drehen mechanisch sogar die Kassette um. Wahre Vierspurköpfe, bei denen lediglich die NF-Leitungen getauscht werden müssen, sind selten und nur in höheren Preisklassen zu finden. Aber vielleicht hilft da ein Besuch auf einem Flohmarkt weiter. Auch in Leihhäusern und beim An- und Verkauf sind manchmal gute Schnäppchen zu machen.

Bei meinem Kassettenrecorder handelt es sich um ein sogenanntes Doppel-Autoreverse-Tapedeck. Das ist ein Stereorecorder, in dem gleich zwei Laufwerke eingebaut sind. Ich habe den Tonkopf des einen Laufwerkes so umgebaut, daß ich mit diesem die Kassette rückwärts abhören kann. Das andere Laufwerk blieb in seiner Ursprungsform. Weiterhin habe ich zwei Potentiometer für die Geschwindigkeitsregelung beider Motoren in die Frontplatte eingebaut. Dabei habe ich einfach die serienmäßig auf der Platine sitzenden Trimmer mit einem kleinen Seitenschneider herausgeschnitten und die Anschlüsse mit den Potentiometern verbunden.

Das Umbauen des Tonkopfes gestaltete sich ebenfalls sehr einfach. Es mußte lediglich der Tonkopf von der rotierenden Halterung abgeschraubt und verkehrt herum wieder befestigt werden.
Zum Test legte ich eine mit englischer Musik bespielte Kassette ein. Dabei waren Passagen zu hören, die einen deutschen Text ergaben.
In den sechziger Jahren erregte eine rückwärts abgespielte Beatles-Schallplatte Aufsehen, weil dort in einem Abschnitt der Tod von John Lennon vorausgesagt wurde. Publiziert wurde dies aber erst nach dem Mordanschlag auf John Lennon.

Umgebauter Stereokassettenrecorder.
Das eine Laufwerk ist modifiziert und spielt das Band rückwärts ab. Der Pfeil zeigt die nachträglich eingebauten Regler für die Bandgeschwindigkeit

PIONEER
AUTO REVERSE
REWIND AUTO PLAY
AUTO REVERSE
REWIND AUTO PLAY

Geschwindigkeitsregelung:

Wer auf seinen vorhandenen Recorder zurückgreifen will, kann in den meisten Geräten eine Bandgeschwindigkeitsreglung nachträglich einbauen. Dazu wird nach Öffnen des Gerätes die Motorsteuerung lokalisiert, welche sich entweder in unmittelbarer Nähe zum Motor befindet oder sich anhand der Versorgungskabel aufspüren läßt. Auf dieser Platine befindet sich ein Einstellregler, mit dem man die Geschwindigkeit justieren kann. Es dürfte kein Problem sein den eingebauten Regler durch ein externes Potentiometer mit gleichen Widerstandswerten zu ersetzen. Bei manchen Geräten kann die Regelung auch im Motor integriert sein. Sie ist dann im unteren Teil des Motors eingebaut, und wird durch einen Deckel im Boden abgedeckt. Hier ist von einem Umbau abzuraten.

Die zwei Pfeile markieren die Positionen an denen vorher die Justierungsregler für die Bandlaufgeschwindigkeit eingebaut waren. Mit Kabel verlängert sind sie jetzt in der Frontplatte integriert.

Pitchkontrol:

Bei dem in der Geräteliste aufgeführten Recorder GENEXXA ist sogar eine Pitchregelung möglich. Dabei wird die Spurlage, ähnlich wie beim Videorecorder eingestellt. Somit kann der Tonkopf an die Kassettenaufnahme aus einem Fremdgerät besser angepaßt werden. Mit dieser Regelung können auch bei eigens aufgenommenen Kassetten gute Filtereffekte erzielt werden. Leider ist eine solche Modifizierung bei anderen Geräten nicht durchführbar.

Resümee:

Es gibt noch eine Vielzahl von Einspielungsmethoden. Bei einem Gespräch mit Herrn Köberle vom Verein für Tonbandstimmenforschung e.V. (VFT) gab dieser mir zu verstehen, daß momentan dreißig Einspielmethoden bekannt sind.
Leider beklagte auch Herr Köberle, daß immer wieder Scharlatane die Unwissenheit sowie die Gutgläubigkeit der Tonbandamateure ausnützen, um Geräte zu verkaufen, die entweder sehr überteuert sind oder keine nennenswerten Funktionen aufweisen. In Kapitel Geräte und Zubehör gehe ich noch näher auf diese Thematik ein.

Im übrigen: „Die besten Geräte entstehen meist aus dem Selbstbau“.
Meine Devise heißt: „Vielleicht gibt es etwas deshalb noch nicht, weil ich es noch nicht erfunden habe“.

Kapitel 4

Archivierung von Einspielungen

Was nützt die schönste Büchersammlung, wenn sie irgendwann vom Bücherwurm zerfressen wird?
Ähnlich ist es bei der langfristigen Lagerung von Tonbandcassetten. Das magnetisierte Band leidet unter dem Einfluß von anderen Magnetfeldern wie zum Beispiel unseres Erdmagnetfeldes.
Mit Computern lassen sich beliebige Datenmengen auf Massenspeichern, wie der CD konservieren. Komplette Lexika die früher in dicken Büchern ihr Dasein fristeten, finden wir heute auf diesen bunt schillernden Scheiben wieder.
Für eine langzeitige und verlustfreie Archivierung sind die CD`s geradezu prädestiniert.
Für Computerignoranten erfüllen Mini Disc und DAT-Recorder die gleichen Ansprüche an die Datensicherheit und das Langzeitlagerverhalten wie die Computer CD.
Lediglich das Überspielen des Stimmenmaterials ist bei diesen Geräten einfacher zu handhaben.
Tragbare Minidisc-Recorder sind im Fachhandel zu erschwinglichen Preisen erhältlich.

Kapitel 5

Bearbeitung der Einspielungen mit dem PC

Dieses Kapitel ist ausschließlich für den Computerprofi. Englischkenntnisse sind absolut erforderlich.

Wozu früher nur ein komplettes Soundstudio in der Lage war, ist heute ein schneller PC mit einer Soundkarte und zwei Lautsprecherboxen das absolute non plus Ultra. Eine aufgenommene Soundsequenz kann zerlegt, in der Geschwindigkeit bearbeitet, nach allen Regeln der Kunst umgeformt und dann wieder zusammengesetzt werden. Zur optischen Kontrolle und Auswertung wird das ganze auf einem Spectrumanalyzer in Echtzeit dargestellt.

Die Software, die ein solches vermag wird von der amerikanischen Firma Sonic Foundry ,Inc. 100 South Baldwin Street Suite 204 Madison, Wisconsin 53703 USA hergestellt.
Sie trägt den Namen Sound Forge und wird in der Version 4.0 ausgeliefert (Stand Ende 1997).
Als Systemvoraussetzung werden ein 586er Prozessor, Windows 95 oder NT, und einiges an Megabyte Festplatte vorausgesetzt. Das Programm benötigt selbst zwar nur etwas über sieben MB, aber für die Sounddateien, die übrigens alle bekannten Standards aufweisen können, wird jede Menge Festplattenkapazität benötigt. Es sei denn, die abgearbeiteten Waves werden nicht in die Datenbank übernommen. Verarbeitet werden einfache Tonsequenzen bis hin zu ganzen Kompositionen in Zweikanal Stereotechnik und das in acht oder sechzehn Bit, also absolute CD Qualität.

Graphisch wird zum einen das NF-Signal in einem Hüllkurvendiagramm dargestellt, und zum anderen zeigen zwei baragraphische VU-Meter (je Kanal einer) die Signalintensität an.
Die komplette Beschreibung aller Einstellmöglichkeiten und Tools würde den Rahmen dieses Buches sprengen. Man kennt das ja von den dicken

Handbüchern eines noch so unscheinbar wirkenden Programms. Hier jedoch ein kleiner Auszug:

Processing: Equalizer, Fader, Invertierung, Expander, Änderung der Samplingrate, Rückwärts Wiedergabe, Zeitkomprimierung

Playlist: Zusammenstellung verschiedener Tonsequenzen zu komplexen Kompositionen, oder cut and copy, Zusammensetzung einzelner Sprachfetzen zu einem ganzen Satz.

Properties: Variable Samplingraten, lassen aufgenommene Stücke entweder komplett oder zerlegt in verschieden große, schnelle oder langsame Sequenzen ablaufen.

Effekte: Chorus, Echo mit variablen Delayzeiteneinstellung.
Distortion, dynamische Notchfilterung.
Envalope, Hüllkurvensteuerung
Flange, Phasing- oder wah-wah Effekt
Gapper, Beschleunigungseffekt
Noise Gate, variable Rauschunterdrückung
Pitch, Bandspreizung und Achsenverschiebung
Reverbation, Hallüberlagerung
Vibratoeffekt

Das sind nur einige der vielen Tonformungsmöglichkeiten, über die so manches Tonstudio vor Jahren nur gestaunt hätte. Natürlich sind alle Funktionen im umfangreichen Maße regelbar.
Alles wird auf dem Bildschirm in gewohnter Aufbauweise der Windows 95 Dateikästen, Ordner und Fenster in allen möglichen Farben dargestellt, so daß die Bedienung standardmäßig abläuft.

Das Abspielen der Soundpakete erfolgt nach alter Kassettenrecorder-Manier. Es sind alle Tasten wie Play-, Stop-, schnell vor oder zurückspulen und die Record-Taste vorhanden, welche einfach durch Mausklick betätigt werden. Das Aufnehmen gestaltet sich ebenso einfach. Die Soundkarte bietet je einen Anschluß für ein Mikrofon und einen LINE-Anschluß, an dem man ein

Radio oder einen Kassettenrecorder anschließen kann. Die Übernahme in den digitalen Speicher erfolgt durch Anklicken der Record-Taste. Ein Klick auf das Stoppfeld beendet die Sache.
Wünschenswert wäre eine deutsche Version. Denn die unzähligen Fachbegriffe der Steuerungen und Einstellregler verwirren den ungeübten Soundchecker recht schnell.

Kapitel 6

Mein erstes Einspielergebnis

Als Technikfreak störte mich, daß bei allen Einspielungsmethoden ein Mikrofon verwendet wird. Ein Mikrofon mit einem sehr guten Vorverstärker kann das Fallen einer Stecknadel so laut hörbar machen, daß man glauben könnte, ein Stein wäre auf einer Glasplatte aufgeschlagen.

Aus dem Zusammenspiel mehrerer leiser Geräusche könnten wir unserem Ohr ein gesprochenes Wort vorgaukeln. Die Bereitschaft hierzu ist recht hoch, wenn wir mit einem Kassettenrecorder und einem Mikrofon aufgenommenes Bandmaterial abhören. Denn schließlich ist der Wunsch, etwas zu hören, der grundsätzliche Bestandteil dieser Arbeit.

Um diese Fehlerquelle auszuschalten, benutzte ich bei meinen ersten Einspielversuchen eine sehr breitbandige Infrarotlichtbrücke.
Ich habe die Gerätschaften nach eigenen Schaltplänen gebaut und wie folgt auf ihre Funktion getestet.
Den Infrarotsender schloß ich an einem Radiogerät an, auf dem ein Sender Musik spielte. Den Infrarotempfänger stellte ich in zwei Meter Entfernung auf, und verdrahtete ihn mit einem HiFi-Verstärker. Nun konnte ich die Musik, welche zuvor in unsichtbares Licht und wieder zurück verwandelt wurde, aus dem Lautsprecher hören, der seinerseits mit dem Verstärker verbunden war. Hielt ich meine Hand in den unsichtbaren Lichtstrahl, so wurde die Musik unterbrochen.
Dieses Übertragungssystem funktionierte also auch wie eine Lichtschranke.

Am gleichen Abend nahm ich meine erste Einspielung mit den neuen Errungenschaften in unserem Wohnzimmer vor. Die Einrichtung war im guten alten Bauernstil gehalten. Fernsehgerät, Satellitenreceiver und Videorecorder waren vom Netz getrennt. Um eine ungewollte Beeinflussung zu vermeiden, habe ich sämtlich Stecker aus den Steckdosen herausgezogen. Ich stellte den Sender auf das Fichte-Sideboard und den Empfänger auf den

etwa zwei Meter entfernten Wohnzimmertisch. Den Ausgang des Empfängers schloß ich an den Mikrofoneingang meines Kassettenrecorders an.
Die Übertragungsfunktion testete ich kurz durch den Anschluß eines Radios an den Infrarotsender. Nach kurzer Aufnahme gab der Recorder das Musikprogramm des Radios wieder. Nach diesem erfolgreichen Test schaltete ich das Radio aus und trennte die Verbindung zwischen dem Radiogerät und dem Infrarotsender.

Ich habe mir nun vorgestellt, daß die „Jenseitigen“ das Infrarotlicht, welches jetzt aus dem Sender unmoduliert ausgestrahlt wurde, modulieren sollten. Dieses modulierte Licht würde in meinem Infrarotempfänger umgewandelt, 200.000 fach verstärkt und von dem Kassettenrecorder aufgezeichnet werden.

Die Theorie war sehr gut, aber die Praxis stellte mir noch ein paar Fallen auf. So schaffte der Empfänger trotz Tageslichtfilterung nur eine geringe Verstärkung. Jede Glühbirne verhalf meinem hochgezüchteten Verstärker zu einem so starken Brummen, daß eine Aufnahme unmöglich war.
Ich verlegte mein Experiment auf die späten Abendstunden, um dann bei völliger Dunkelheit die maximale Verstärkung des Lichtempfängers zu gewährleisten. Um jeglichem 50Hz Netzbrummen vorzubeugen, benutzte ich zur Stromversorgung Batterien. Über Kopfhörer überwachte ich die Funktion meiner Anlage.

Die hohe Verstärkung brachte zwei zusätzliche Effekte. Zum einen war da dieses unangenehme Rauschen der (trotz rauscharm angegebenen) Operationsverstärker, und zum anderen ein Regelgeräusch, das dann auftrat, wenn der unsichtbare Lichtstrahl unterbrochen wurde. Dieses Geräusch hörte sich wie das Auf- und Abbewegen der Kolben einer alten Dampfmaschine an. So ungefähr „uffdaa“ bei der Unterbrechung des Lichtstrahls und „daauff“ bei seiner Wiederherstellung. Es rührte von der selbständigen Regelung des Verstärkerbausteines her.

Es war ein Novembertag. Die Dunkelheit setzte schon am frühen Abend ein. Nur das Mondlicht, unterstützt von einer Straßenlaterne, schimmerte durch das Fenster. Ich machte vier Einspielversuche, bei denen ich um einen Kontakt mit irgendeinem der guten Geisteswesen aus dem Jenseits bat. Aufge-

regt stellte ich mir jedesmal vor, was die Stimmen sagen würden. Vielleicht: „Hier sind die Toten!", oder „Hallo!", oder „Wer ruft da?" Jedoch nichts dergleichen war beim anschließenden Abspielen auf dem Band zu hören, außer diesem unerträglichen Rauschen.
Stellte mein gedankliches Vorhaben ein unüberwindlbares Hindernis für die „Jenseitigen" dar? War der Versuchsaufbau nicht leistungsfähig genug, oder hatte ich gar ein falsches Konzept gehabt? Stellte ich vielleicht Anforderungen an die „andere Seite", die technisch nicht erfüllt werden konnten? Oder war letztendlich meine Einbildung, daß die „Jenseitigen" das Infrarotlicht modulieren können, sogar anmaßend und frevelhaft?

Einen Versuch noch!
Es war schon weit nach Mitternacht, als ich das letzte Experiment für diesen Abend wagte. Meine Frau schlief schon seit zwei Stunden tief und fest in unserem ehelichen Schlafzimmer. Ich hatte die Wohnzimmertür fest verschlossen, so daß niemand die Tür auch nur einen Spalt aufmachen konnte, um mein Vorhaben zu stören.

Ein letztes Mal betätigte ich mit einem leichten Druck die Aufnahmetasten meines Kassettenspielers. Wiederum bat ich inständig um einen Kontakt mit einem Verstorbenen oder jemandem, der mir irgendetwas sagen möchte. Entmutigt bedankte ich mich für eventuelle Worte und schaltete den Versuchsaufbau aus. Ich räumte alles in einen Aluminiumkarton, den ich scherzhaft Parakoffer nannte.

Zum Abschluß ließ ich den letzten Einspielungsabschnitt ablaufen. Plötzlich fast am Ende der Aufzeichnung ein bekanntes Geräusch! „uffdaa"! Dieses unverkennbare Anzeichen für die Unterbrechung des Infrarotstrahles.
Das Zählwerk lief noch eine ganze Umdrehung bis eine Stimme im fragenden Ton sagte: „ Joachim?"
Nach einer weiteren Zählwerksumdrehung war das „daauff" zu hören. Somit wurde die unsichtbare Lichtverbindung wieder hergestellt.

Es lief mir kalt den Rücken herunter. Obgleich ich keine Angst hatte. Mit allen möglichen Fragen und Antworten habe ich gerechnet, aber doch nicht damit. Mindestens zehnmal spulte ich zu dieser Stelle zurück und hörte mir diesen Namen an.

Es war mein Name. Und nicht nur, daß diese Stimme meinen Namen kannte. Nein! Diesem Wesen mußte es möglich sein, in meinen Infrartotlichtstrahl zu treten und diesen zu unterbrechen. Doch die Zimmertür war, wie schon erwähnt, verschlossen.
Ich saß etwa einen Meter hinter dem Versuchsaufbau und bin weder aufgestanden noch im Zimmer herumgelaufen.

Wie ist zu erklären, daß diese Schaltgeräusche auf dem Band waren, und wer war diese Stimme?
Jeder in unserem Haus rief mich nur in der Kurzform meines Namens „Jochen“, aber keiner sprach mich mit „Joachim“ an.

Akribisch genau notierte ich den Zählerstand und die Umdrehungen der Zählwerksrolle zwischen den beiden Schaltsignalen. Dabei hörte ich mir immer wieder dieses „Joachim?“ an. Es war sehr laut aus dem Rauschen heraus zu hören. Ja man mußte sich nicht einmal anstrengen, um es zu verstehen.
Noch in der selben Nacht weckte ich meine Frau und erzählte ihr von diesem Vorfall. Weil sie zu müde war, verlegten wir die Vorführung der Aufnahme auf den nächsten Morgen.
Aber es geschah das Unfaßbare.

Um die mysteriöse Stimme ohne zu suchen sofort wieder zu finden, beließ ich die Kassette im Laufwerksschacht des Recordes. Gleich am frühen Morgen, quasi noch beim Kaffeetrinken, führte ich die Kassette meiner Gemahlin vor. Doch die Enttäuschung war groß. Es befanden sich zwar noch die Schaltgeräusche auf dem Band, jedoch die manifestierte Stimme war verschwunden.
Den halben Tag verschwendete ich für die Suche nach meiner Aufzeichnung. In dem besagten Abschnitt habe ich sogar das Band aus der Kassette herausgezogen, um es mit einer großen Lupe auf eine eventuelle Beschädigung hin zu untersuchen.
Aber nichts der gleichen. Von einer unbeabsichtigten Löschung des Bandes ist nicht auszugehen da, außer mir keiner das Gerät in der Hand gehabt hatte.

Mein Bekannter, der auch dem Hobby der Tonbandstimmenforschung frönte, warnte mich schon einmal zuvor. „Lasse niemals eine aufgenommene

Kassette im Recorder, sonst wird sie von „denen“ gelöscht“. Sollte er tatsächlich recht behalten haben?

Selbstgebaute Infrarotlichtbrücke. Unten ist der Sender und darauf der Empfänger zu sehen.

Kapitel 7

Geräte und Zubehör für die Transkommunikation

Schwarze Schafe und Scharlatane:

Auf dem Esoteriksektor werden viele Geräte und technische Hilfsmittel angeboten. So auch für den Bereich der Transkommunikation. Inwieweit diese Geräte sinnvoll für die Kommunikationsaufnahme eingesetzt werden können, muß letztendlich jeder selbst entscheiden. Es wird immer vorkommen, daß schwarze Schafe und Scharlatane ihre hoch technischen Apparaturen für viel Geld an Unwissende und Neuanfänger verkaufen. Dabei wird die Gutgläubigkeit des Käufers schamlos ausgenutzt.

Der Selbstbau eines Gerätes ist wesentlich billiger als eine Firmenanfertigung. Von Hobbybastlern ist häufig der Einwand zu hören: „ Das bißchen Elektronik kostet doch nur Pfennige."
Für eine Firma sind die Bauteilkosten das geringste. Sie pflegen langjährige Geschäftsbeziehungen zu den Großhändlern und kaufen die Hardware zu einem weitaus geringeren Preis ein als ein Hobbyist. Die richtigen Kosten stecken in der Herstellung, und da spreche ich aus Erfahrung. Denn seit dreizehn Jahren betreibe ich ein Fachgeschäft in dieser Branche. Hier eine Aufstellung der anfallenden Produktionskosten.

1. Entwicklung des Gerätes durch Zeichnen eines Schaltplanes.
2. Herstellung eines Platinenlayouts mit anschließender Printfertigung.
3. Herstellung eines Gehäuses inklusive Druckkosten für Front- und Rückseiten.
4. Prüfung des Gerätes auf elektromagnetische Verträglichkeit mit anschließender CE Zertifizierung durch die Prüffirma.

5. Erstellung einer Bedienungsanleitung nach EU-Norm.
6. Beauftragung einer Kartonagenfirma zur Herstellung einer passenden Verpackung.
7. Serienfertigung mit Lohnkosten und staatlichen Abgaben.

Allein die Prüfung für ein einfaches Gerät wie ein Infrarotsender kann die Summe von fünftausend Mark schnell übersteigen. Diese Prüfungen sind in der EG vorgeschrieben. Ein Katalog mit umfangreichen EN-Nummern muß dabei beachtet werden. Zuwiderhandlungen werden mit Strafen von bis zu zehntausend Mark geahndet. Nach diesen Richtlinien erklärt die Herstellerfirma, daß alle Sicherheitsvorschriften sowie die Einhaltung der elektromagnetischen Verträglichkeit befolgt werden.
Das gilt übrigens nicht nur für Elektrogräte. Jedes Kinderspielzeug, Puppe oder Teddybär hat einen kleinen Aufkleber, Annäher, oder ein eingestanztes CE-Zeichen.

Wie können Sie die Spreu vom Weizen trennen?

Mit Vorsicht zu genießen sind Geräte, die man nicht aufschrauben kann, die sogar verklebt oder verschweißt sind. Äußerst dubios sind auch in Gießharz oder Kunststoff eingegossene Schaltungen. Wegen der Undurchsichtigkeit dieser Bausteine ist weder eine Reparatur möglich, noch ist der Wert einer solchen Schaltung erkennbar. Schnell steht die Frage im Raum, ob sich überhaupt etwas Technisches in solch einer Verkleidung befindet.

Achten Sie auf die CE-Kennzeichnung der Geräte. Zusätzlich müssen die EN-Prüfnummern in der Gebrauchsanweisung vermerkt sein. Auch ein beigefügter Schaltplan offenbart die Transparenz des Produktes. Schon beim Prospekt soll die Funktion des Gerätes klar erkennbar sein, und weder durch ominöse oder nicht nachprüfbare Behauptungen beworben werden. Weiterhin sollte die Funktion einfach nachprüfbar sein. Ein leuchtendes oder blinkendes Kontrollbirnchen zeigt höchstens die Funktion der Batterie oder des Netzgerätes an.

Ein Beispiel: Die von mir entworfene Infrarot-Lichtbrücke kann durch den Anschluß einer Tonquelle, wie Mikrofon oder Radio, auf ihre Übertragungsfunktion getestet werden.

Der Feldgenerator hat einen Frequenzzähleranschluß, so daß der eingestellte Wert an einem angeschlossenen Zähler abgelesen werden kann. Die Grundschaltbilder sind in diesem Buch veröffentlicht. Somit ist die Transparenz dieser Geräte gewährleistet.
Spätestens hier werden einige Hersteller über meine Auflistung erbost sein und sich fragen, wie sie ihre Schaltung vor einem Nachbau schützen sollten?

Für einen Profi stellt weder Gießharz noch eine abgeschliffene Bauteilbezeichnung ein unüberwindliches Hindernis dar, eine elektronische Schaltung zu verifizieren.
Dazu werden vergossene Blöcke in Chewasol vom Harz oder anderen Kunststoffen befreit. Integrierte Schaltungen (IC`s) werden nach dem Auslöten in einem Textoolsockel von einem Computerprogramm gescannt und in einer Vergleichsliste identifiziert.
Schnell entlarvt ein Oszillograph, ob versprochene Funktionen auch ausgeführt werden.
Deshalb mein Rat an alle, die ihre technischen Produkte vertreiben wollen: „Eine vergossene Schaltung erweckt nur das Mißtrauen anderer, und schnell ist ein guter Ruf dahin“

Aktenzeichen XY informiert!

In der TV-Serie Aktenzeichen YX ungelöst vom 6.Dezember 1997 wurden böswillige Machenschaften eines Mediums publiziert. Eine Frau sprach Passanten auf einem Friedhof an und offerierte ihnen, daß sie Verbindung mit ihren Verstorbenen aufnehmen könnte. Nach mehreren obskuren Sitzungen teilte das Medium mit, daß es dem Verwandten im Jenseits schlecht gehen würde, weil er Spielschulden gemacht habe.

Um dem Verstorbenen zu helfen müsse eine höhere Summe dem Medium überlassen werden, welches dieses dann auf transzendentalem Wege in das Jenseits überführen werde.

Erst als das Opfer eine höhere Geldsumme von der Bank aufnehmen wollte, flog der Betrug auf.

Dieser Fall zeigt, mit welcher Dreistigkeit Gauner vorgehen, um an das Geld, von vorwiegend älteren Menschen zu kommen.

Seien Sie immer mißtrauisch, wenn für einfache Leistungen horrende Summen verlangt werden, oder Sie nicht den Weg ihres Geldes verfolgen können.

Die nachfolgenden Geräte sind über den Fachhandel zu beziehen oder erhältlich bei:

L.A.N.C.E.T. Funkcenter Mühlstr.35· 66981 Münchweiler
Tel.06395/7689 · Fax.06395/7647

Der Philips Kassettenrecorder AQ 6455. Er ist ausgestattet mit allen für unsere Zwecke nötigen Ausstattungsmerkmale.

- Getrennte Höhen- und Baßregelung.
- Bandzählwerk.
- Bandlaufgeschwindigkeitsregelung.
- Vor- und Rückspulen bei gedrückter PLAY-Taste.
- Eingebautes Mikrofon.
- Zusätzliche Anschlüsse für Mikrofon und Kopfhörer.
- 230 Volt Netz- und Batteriebetrieb.

Ein besonderes Ausstattungsmerkmal ist die Tastenmarkierung in Blindenschrift.

Ein besonderes Stück ist dieser kleine Recorder von GENEXXA, der in jeder Handtasche Platz findet. Ausstattung:

- Bandzählwerk.
- Vor- und Rückspulen bei gedrückter PLAY-Taste.
- Eingebautes Mikrofon.
- Automatische Aufnahme bei Sprache oder Geräuschen VOX.
- Bandlaufgeschwindigkeitsregelung zuschaltbar.
- Spurlageregelung, Pitch Control zuschaltbar.
- Zusatzanschlüsse für Mikrofon und Kopfhörer.
- Eingebauter Lautsprecher.
- Stromversorgung über zwei Mignonzellen oder 3 Volt extern.

Die Wiedergabe aus dem eingebauten Lautsprecher ist sehr gut. Das Gerät findet seine Anwendung in vielen Blindenschulen und ist auch für unsere Zwecke geradezu prädestiniert.

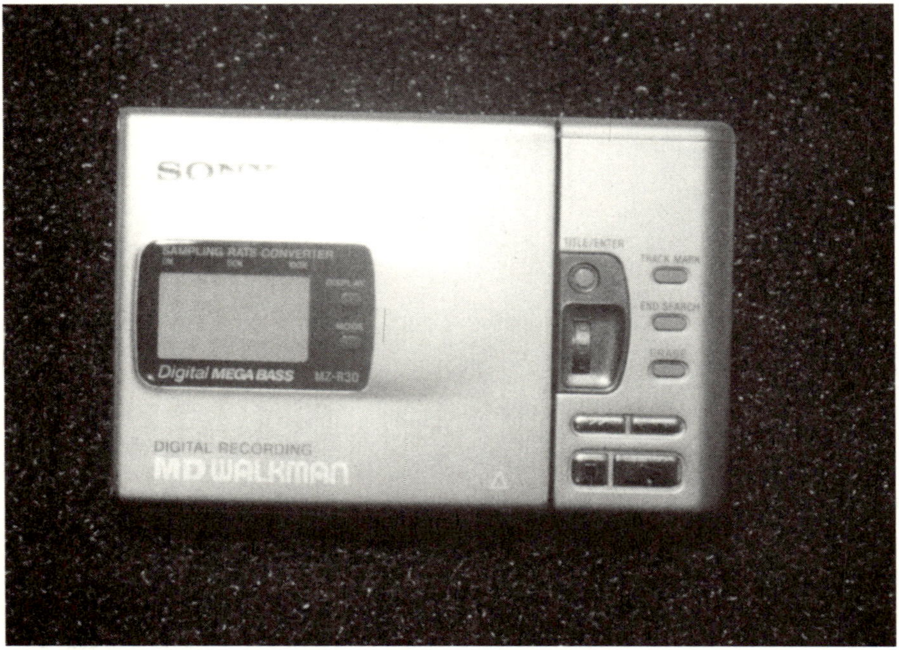

SONY MZ-30R Minidisc-Walkman. Zur Archivierung von Einspielungen bestens geeignet. Die Aufnahmen werden auf einer kleinen CD digital gespeichert.

Zwei Weltempfänger für die Radioeinspielungen.
Links ein teuerer digitaler Weltempfänger von SONY .
Rechts ein preisgünstiger Taschenweltempfänger.

Ein gutes Tischmikrofon. Im Inneren ist eine Batterie eingebaut. Die Stromversorgung ist durch ein im Boden eingelassener Schalter abschaltbar.

Zwei preisgünstige Kondensatormikrofone. Die Stromversorgung erfolgt mit je einer Mignon Batterie.

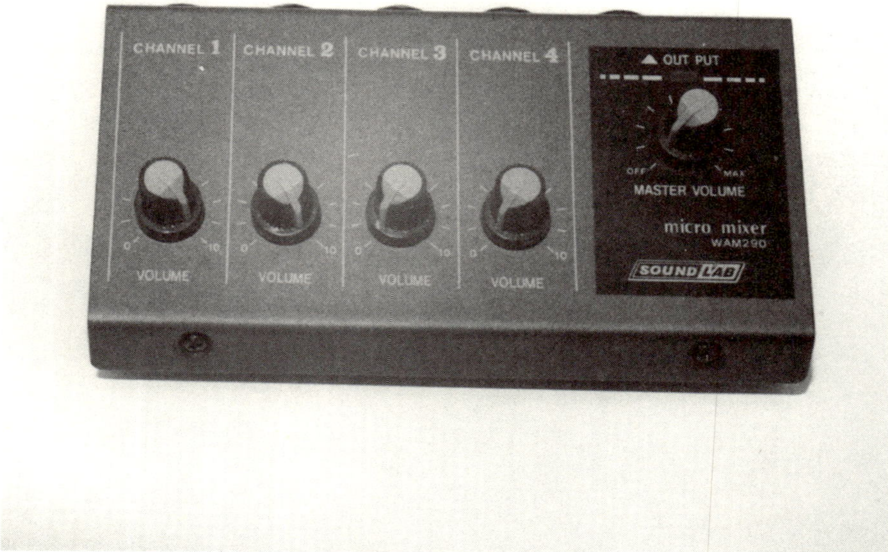

Mikrofonmischpult zum Anschluß von maximal vier Mikrofonen an einen Kassettenrecorder.

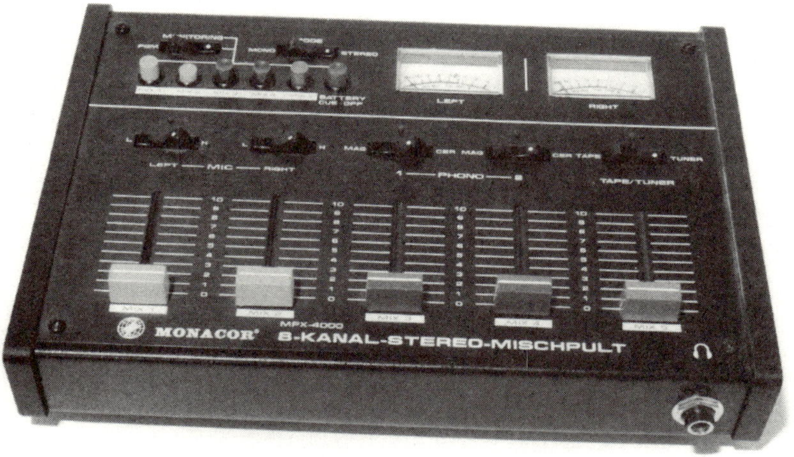

Achtkanal-Stereomischpult. Für unsere Zwecke leider nur bedingt einsetzbar.

Sehr guter Mikrofonvorverstärker. Wird nach meinen Unterlagen hergestellt und beinhaltet folgende Vorzüge:

- Klinkeneingang 3,5mm mit zuschaltbarer Stromversorgung für Kondensatormikrofone.
- Regelbares Ausgangssignal.
- Kopfhöreranschluß.
- Rauscharme Verstärkerschaltung.
- Spannungsversorgung 9 Volt Batterie oder Netzteil.
- Sehr kompakte Abmessungen.
- Aluminium Ganzmetallgehäuse.
- CE-Prüfung.

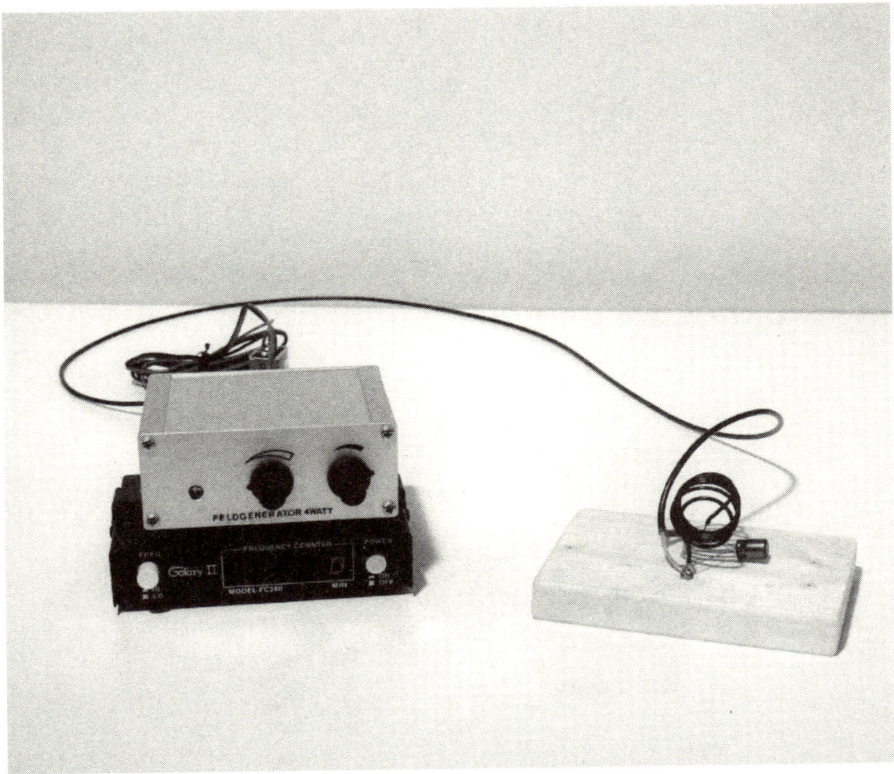

Feldgenerator mit Resonanzkreis und Frequenzzähler.

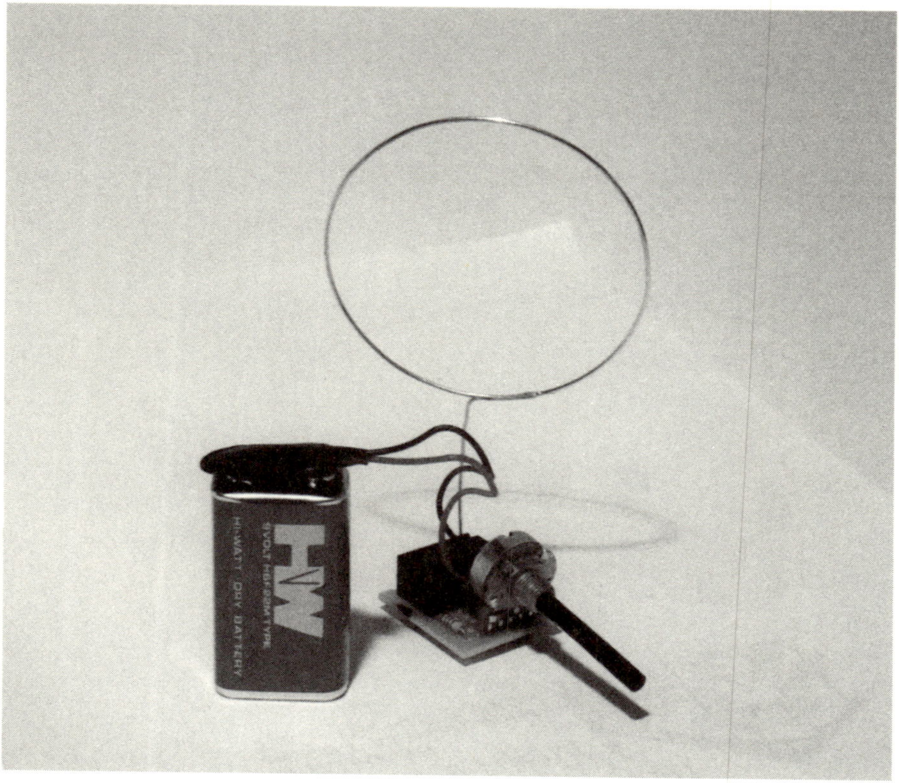

Mini Feldgenerator. Der komplette Aufbau nimmt nicht mehr Platz als eine Briefmarke ein.

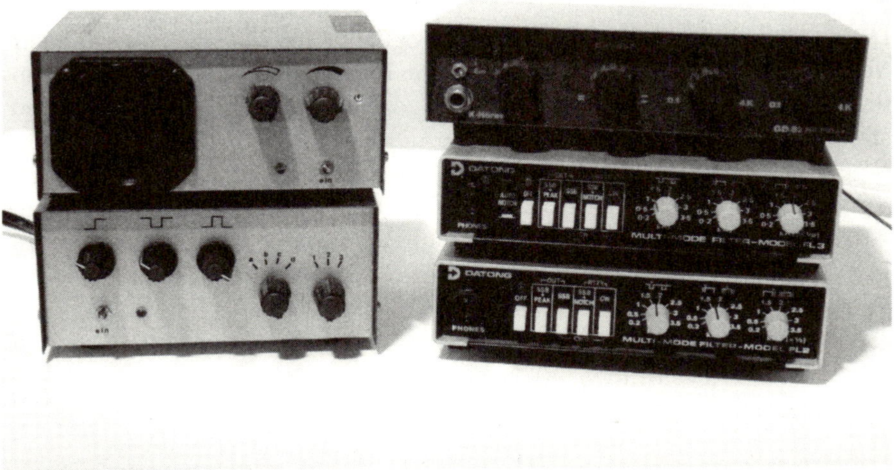

Links selbstgebauter Mehrbereichssprachfilter.
Rechts teure DATONG Multimode Filter aus dem Amateurfunkbereich.

Alle Geräte sind über den Fachhandel zu beziehen oder erhältlich bei:

L.A.N.C.E.T. Funkcenter Mühlstr.35· 66981 Münchweiler
Tel.06395/7689 · Fax.06395/7647

Kapitel 8

Weitere Möglichkeiten zu Jenseitsverbindungen

Die in diesem Kapitel aufgeführten Möglichkeiten zu einer „jenseitigen" Verbindungsaufnahme werden allein zur Information über diese abgehandelt. Keine ist so einfach, übersichtlich und nachprüfbar wie die Tonbandstimmenforschung.
Wenn Sie eines oder mehrere Themen besonders interessieren, sind eigene Versuche immer der beste Weg, um die Echtheit des versprochenen Erfolges zu ergründen. Zu allen Themen sind im Buchhandel Applikationen erhältlich. Leider sind auch auf diesen Gebieten Schwindler und Scharlatane am Werke. Die Tatsache, daß einige Personen, die man im Rundfunk und Fernsehen als glaubwürdige Spezialisten dargestellt hatte, im nachhinein als Aufschneider entlarvt wurden, rückt manchen aufrichtigen Experimentator in ein schlechtes Licht.

Wissen, das man aus Büchern hat, ist nur halbes Wissen.
Eigene Erfahrung ist reales Wissen.

Wahrsager, Hellseher, Kartenleger und selbsternannte Hexen stellen immer eine Verbindungsaufnahme mit der anderen Seite in Aussicht. Für eine gewisse Summe werden meist sehr pauschale Angaben über das vergangene und noch bevorstehende Leben gemacht. Genauere Aussagen werden dem Klienten nur durch vorangegangene Hinterfragungen offeriert.
Für all diese Bereiche sind weder eine Prüfung noch sonst irgendwelche Kenntnisse nachzuweisen. Die immer schlechter werdende Wirtschaftslage trägt ihr Scherflein dazu bei, daß dubiose Geschäftemacher in diesen Markt drängen, um Unwissende und Ratsuchende abzuzocken.

Wem Sie was letztendlich glauben, bleibt Ihnen selbst überlassen. Vielleicht finden Sie jemand wie Max, den ich im Vorwort schon erwähnt habe. Max sagt, daß er seine heilenden Kräfte für andere kostenlos zur Verfügung stellt. Natürlich lehnt er eine kleine Spende nicht ab. Doch er wird niemals darum bitten. Er behauptet, er habe diese Kräfte erhalten, um anderen zu helfen. Verlange er eine Gegenleistung dafür, so werden ihm diese Kräfte genommen.

Die Kristallomantie.

Die Möglichkeit, Verstorbene in einer Kristallkugel oder einem Spiegel zu sehen, geht bis in die jüngsten Zeiten unseres Erdendaseins zurück. Raymond A.Moody, ehemaliger Psychiater am medizinischem Zentrum an der Universität Georgia, stellt in seinem Buch, „Blick hinter den Spiegel“ viele Fallbeispiele dar, bei denen es zu Kontakten mit Verstorbenen auf solch verschiedensten Weisen gekommen sei. Seine Schilderungen weisen auf alle Arten von Spiegeln und spiegelnde Gegenstände hin, die eine Herbeiführung von Kristallvisionen im Laufe der Geschichte ermöglichten. Laut seinen Angaben ist, um zu einer Vision zu gelangen, die Schaffung eines geeigneten Umfeldes von vordringlicher Wichtigkeit. Weiterhin muß sich die Versuchsperson völlig entspannen. Er beschreibt dabei das kribbelnde Gefühl in den Händen, das den hypnagoschen Zustand signalisiert, und so die Voraussetzung für die Bereitschaft zum Kontakt herstellt. Selbst spezielle Räumlichkeiten müssen geschaffen werden. Die absolute Dunkelheit, in der ein Spiegel so beleuchtet wird, daß man sich selbst nicht darin sieht, soll der Garant für den Erfolg sein.

Videoaufnahmen.

Was bei der Kristallomantie der Blick in den Spiegel ist, könnte die Erfassung einen unendlichen Raumes darstellen, wie es eine Videokamera an einem angeschlossenem Monitor erzeugt.
Der Versuchsaufbau ist sehr einfach.
Eine Videokamera wird vor einen Monitor gestellt und nimmt das Bild des Monitors auf. Der Monitor gibt seinerseits das aufgenommene Bild der Videokamera wieder. Somit entsteht ein scheinbar unendlicher Raum, in dem sich ein Bild eines Monitors in einem Bild eines Monitors in einem Bild eines Monitors und immer so weiter befindet. Der Fachbegriff einer solchen Darstellung ist ein Korridoreffekt. Ein in den Videokreis eingeschleifter Videorecorder nimmt das ganze Geschehen auf. In mühevoller Kleinarbeit wird das Bandmaterial in Zeitlupe und Einzelbildschaltung auf eventuelle Bildmanifestationen hin untersucht.

Klaus Schreiber, ein gelernter Sattler, hat im Anbeginn seines Altersruhestandes diese Technik populär gemacht. Seine Videoaufnahmen wurden in der TV-Serie „Unglaubliche Phänomene“ mit Rainer Holbe präsentiert. Schreiber selbst war auch ein begeisterter Tonbandstimmenamateur.
Parallel zu seinen Videoaufzeichnungen ließ er ein Tonband mitlaufen, um zusätzlich Stimmen einzufangen, die ihm geholfen haben, seine visuellen Aufzeichnungsmethoden zu verbessern. Der ehemalige RTL Moderator Rainer Holbe dokumentierte die paranormalen Experimente des Klaus Schreiber in einem Buch. Der Titel: „Bilder aus dem Reich der Toten“ umfaßt eine umfangreiche Biographie dieser außergewöhnlichen Kommunikation mit dem „Jenseits“.

Auch hier gilt wie bei allen übrigen Darstellungen: Selbstgemachtes hat die beste Überzeugungskraft. Eine Videokamera gehört fast schon zur Standardausstattung ehemaliger Hobbyfotografen. Und welcher Haushalt verfügt nicht über wenigstens einen Videorecorder? Sollte es doch jemanden geben, der nicht über solches Equipment verfügt, könnte er ja mal seinen Nachbarn fragen, ob der beliebte Rommèabend nicht mal durch einen paranormalen Videoabend ersetzt werden könnte. Als Überzeugungsgrundlage könnte eventuell der Auszug einer PSI-Zeitschrift dienen. Aber Vorsicht! Häufig genug wird da den paranormalen Geisteswesen mit einer ordentlichen Portion Technik auf die Sprünge geholfen. Denn schließlich soll die Zeitung ja gut verkauft werden. In der heutigen Videotechnik ist sowieso alles möglich. Das lehrt uns das phantastische Actionprogramm der Filmemacher jeden Tag aufs Neue.

Auch ohne viel Technik kann eine einfache schwarz-weiß Röhren-Videokamera, wie sie heute noch zu Überwachungszwecken für die Kinderstube angeboten wird, manipuliert werden. Dabei nutzt man den Einbrenneffekt der Röhre aus. Da wird zum Beispiel eine Fotografie mit sehr hoher Lichtintensität über einen längeren Zeitraum vor einer angeschlossenen Kamera aufgestellt. Das Bild brennt sich dann in den Röhrenschirm ein und ist somit für längere Zeit von außen nicht sichtbar gespeichert.
Wird jedoch dieses Einbrennverfahren übertrieben, so wird der Röhre ein irreparabler Schaden zugefügt. Das eingebrannte Bild kann nicht wieder vom Schirm entfernt werden. Es wäre schön, wenn wir Schwindler dann so einfach überführen könnten.

Verbindungsaufnahme mit Verstorbenen über das Telefon.

Stimmen aus dem Telefon, die nicht dem Gesprächspartner gehören, kennt jeder. Dabei handelt es sich jedoch nicht um die Geisterstimme der dahingeschiedenen Großmutter, sondern um sogenanntes „Übersprechen“ in den Telefonkabeln. Das passiert häufig, wenn in den parallel verlaufenden Telefonkabeln, mehrere Gespräche gleichzeitig geführt werden. Auch die Mehrfachausnutzung von Leitungen durch sogenannte Trägerfrequenzgeräte führt solche unbeabsichtigten Phänomene herbei. Die neue Digitaltechnik soll da Abhilfe schaffen. Doch seit dieses neue System bei uns eingeführt wurde, klingelt häufiger das Telefon als früher, und wenn ich es abhebe, ist der Besetztton zu hören. Na ja, vielleicht steckt alles noch in den Kinderschuhen und verbessert sich im Laufe der Zeit.

Andere Experimentatoren behaupten, daß sie von Verstorbenen angerufen wurden. Fangschaltungen brachten jedoch nicht den gewünschten Erfolg. Daß andere sich gerade über das Telefon, weil es ja so schön anonym ist, einen Scherz erlauben, ist hinreichend bekannt. Die Telekom vergibt deshalb jedes Jahr Tausende von Geheimnummern an Telefongeschädigte.

Ich möchte hier weder die Verfechter von Telefonstimmen verleugnen noch ihre Widersacher bestätigen. Es ist leider nicht für jeden einfach nachvollziehbar, und die Mißbrauchsrate liegt sehr hoch. Deshalb muß jeder für sich selbst entscheiden, inwieweit er diesem Phänomen vertraut.

Verbindungsaufnahme per Computer.

In vielen Kinderzimmern hat sich der Heimcomputer heutzutage breitgemacht. Die Faszination der Videospiele läßt den Teddybären außer Mode geraten. Auch dieses Buch ist selbstverständlich auf einem Laptop geschrieben und wird anschließend von einem schnellen Pentium-PC bearbeitet. Die Druckerei würde mich auslachen, wenn ich ein mit der Schreibmaschine geschriebenes Manuskript zum Drucken abgeben würde.

Wir werden es überhaupt nicht merken, wenn eines Tages in jeden Fernsehapparat ein Computer eingebaut ist, der uns die Kommunikation mit Hilfe des Internets um die ganze Welt ermöglicht. Ein Knopfdruck auf die Fernbedienung, schon flimmert der gewünschte Film über die Mattscheibe, „äh pardon-“, über das TFT-Aktiv-Matrixdisplay. Noch ein Knopfdruck, und schon wird das schöne Kleid aus dem Versandhaus geliefert. Oder haben wir etwa aus Versehen auf den falschen Knopf gedrückt und bekommen jetzt die super Familienpizza mit extra Käse?
Na ja, der Computer wird es schon wissen. Schließlich verweisen auch Experimentatoren auf Botschaften, welche der angeschlossene Drucker wie von Geisterhand gesteuert im Endlostext auf das Papier genadelt hat.

Ich habe viele bekannte User nach ungewöhnlichen Phänomenen befragt, aber keiner konnte mir einen definitiven Beweis für einen sich von selbst manifestierten Text liefern, der nicht einem Absender zugeordnet werden konnte.

Vor allem ein Internetanschluß entzieht die absolute Kontrolle über das eigene System. Selbst Banken und Konzerne haben große Mühe, sich gegen Hacker zu wehren. Meiner Meinung nach ist es wahrscheinlicher, eine Mitteilung von einem unerwünschten Netzbenutzer zu erhalten, als die Botschaft eines „Jenseitigen“. Aber Paranormalität bestätigt bekanntlich das Unwahrscheinliche.

Ominöse Kommunikationsmöglichkeiten.

Psychographen.

Eine weitere spiritistische Merkwürdigkeit sind Psycho- oder Skotographen. Sie waren um die Jahrhundertwende weit verbreitet. Es handelt sich dabei um Geisterbotschaften auf Fotos. Die Angehörigen von Verstorbenen ließen sich in der Hoffnung fotografieren, daß der Tote ihnen eine Nachricht auf dem Foto hinterläßt. Zweifler behaupten, solange die Kunden genug Geld bezahlten, wurden auch Nachrichten übermittelt. Meistens waren die Manifestationen nur sehr schwer zu entziffern.

Die Fotografen gaben sich größte Mühe, um eine solche Botschaft auf ihr Werk zu bringen. Gelang es ihnen, ein Handschriftenmuster zu ergattern, so wurden die jenseitigen Informationen durch dieses Schriftmuster geprägt und noch lesbarer.

Psychomantie.

Eine sehr alte Kunst der Wahrsagungen unter Anrufung von Geistern.

Tischrücken.

Etwa um die Mitte des 18. Jahrhunderts entstand in England diese Art von Gesellschaftsspiel. Auf einen runden Tisch legten die daran sitzenden Personen ihre Hände so, daß sich die Fingerspitzen berührten und miteinander einen geschlossenen Kreis bildeten.
Man bat nun die Geister, den Tisch in eine bestimmte Richtung neigen, um dadurch die gestellten Fragen zu beantworten.
Später entstand daraus eine anspruchsvollere Variante, wobei alle Buchstaben des Alphabetes an den Rand des Tisches geschrieben wurden.

Der Physiker Faraday (1791 - 1867) bewies mittels aufwendiger Experimente, daß unbewußte Muskelbewegungen der auf dem Tisch aufgelegten Hände die Bewegungen des Tisches auslösten.

Quija-Brett.

Das Ouija-Brett (zusammengesetzt aus dem französischen „oui“ und dem deutschen „ja“) besteht aus einem Holzbrett, auf dem das Alphabet und die Begriffe ja, nein, hallo und auf Wiedersehen aufgebracht wurden. Ein Zeiger in Form eines aus Holz geschnittenen Herzens wird von der Kontaktperson über dieses Brett geführt. Der Geist soll dann den Zeiger zu den Buchstaben führen, welche in der Zusammenfassung die paranormale Bot-

schaft ergeben. In der Entstehungsphase dieses Gesellschaftsspieles wurden die Buchstaben, die auf Papierkarten gedruckt waren, auf einem runden Tisch verteilt.
Der bekannte Spielehersteller Parker patentierie das Brettspiel und verkaufte es millionenfach. In den USA erlangte das Witchboard seine Bekanntheit als zwischenweltliche Macht der Finsternis in einigen Horrorfilmen.

Die Planchette.

Nach ihrem Erfinder Planchette wurde diese Variante des Quija-Bretts genannt. Auch hier findet das herzförmige Brettchen seine Anwendung. Es ist auf Kugeln gelagert oder wird auf kleinen Rädern über ein Blatt Papier geführt. Dabei liegt die Hand des Benutzers locker auf diesem Brett. Zwischen Zeige- und Mittelfinger ist eine Bohrung, durch die ein Bleistift gesteckt wird. Die Geister werden dann gebeten diese Hand zu führen, um so die Botschaften schreibend auf Papier zu bringen.

Kapitel 9

Neue Erkenntnisse

In unserer kleinen Arbeitsgruppe entstehen häufig Gedankenspiele, die eventuell zu neuen Erkenntnissen in der Tonbandstimmenforschung führen könnten. Hier nun zwei von mir erdachte Beispiele.

Das niederfrequente Band

Der Ursprung der Tonbandstimmenforschung stützte sich auf den niederfrequenten Umformungsbereich als Grundträgerwelle. Das Ticken einer Uhr, eines Metronoms oder das Tropfen eines Wasserhahnes wurden als Umformungsquellen benutzt. Spätestens mit dem Bekanntwerden der Jürgenson-Welle arbeiten viele Tonbandstimmenforscher im Hochfrequenzbereich.
Eine neuentwickelte Gehirnwellen Meßmethode (Stand 1997) von dem Psychologen und Physiker Günter Haffelder wurde bei einem Fernheilungsversuch eingesetzt. Auf einer Computergrafik wurde eine Änderung der Gehirnstromkonfiguration ab Beginn der Fernheilungsübertragung (300 Km) deutlich sichtbar. Der Übertragungszeitpunkt wurde telefonisch mitgeteilt. So gelang es erstmalig, die paranormale Erscheinung der Geistheilung durch einen medialen Kontakt meßtechnisch nachzuweisen. Das kleine Privatinstitut Haffelders erlangte damit weltweite Beachtung.

Gehirnwellen unterteilt man bei der Elektroenzephalographie (kurz EEG genannt) in verschiedene Wellenbereiche:

Deltawellen	1-3 Hz
Thetawellen	4-7 Hz
Alpawellen	8-13Hz
Betawellen	13-30Hz

Gehen wir davon aus, daß eine mentale Übertragung auf dieses Frequenzspektrum zugreifen muß, so ist es doch naheliegend, auf diesem niederfrequenten Bereich Transkommunikationsforschung zu betreiben. Ist es denn nicht wahrscheinlicher, auf telepatischem Wege eine Einspielung zu erhalten, als auf den Hochfrequenzbändern?
Funkwellen verbinden uns kommunikativ weltweit. Dabei werden Satelliten als künstliche Himmelskörper zur Funksignalübertragung benutzt, weil die hochfrequenten Signale nicht durch topografische Unebenheiten wie Berge hindurchstrahlen können. Weiterhin spielen die Erdkrümmung und die gradlinige Ausbreitung der Funkwellen eine Rolle. Die Sendefrequenzen liegen dabei im hohen Ghz Bereich.
Um U-Boote unter Wasser mit Funkwellen zu erreichen, werden niedrige Frequenzbereiche weit unter 150 Khz benutzt. Diese sehr langen Wellen durchdringen die Wasseroberfläche.
Telepathische Wellen sind nicht an die topographischen Gegebenheiten sowie die Erdkrümmung gebunden. Sonst hätte der vorher beschriebene Fernheilungsversuch nicht nachgewiesen werden können.

Um lange Wellenimpulse einfach aufzubereiten, eignet sich Licht am besten, obwohl seine Ausbreitungsgeschwindigkeit die höchste ist die wir kennen. Wie im Buch „Brücke zwischen Diesseits und Jenseits „ von Hildegard Schäfer beschrieben, fanden schon früher im nichttechnischen Kontakt Rotlichtleuchten ihre Anwendung. Im heutigen technischen Zeitalter ist der Einsatz von Infrarottechnik zur Übermittlung von Informationen gang und gäbe. Jeder kennt die Fernbedienung seines Fernsehers. Drückt man auf eine Fernbedienungstaste, so wird ein Datensatz in Form einer Tonfolge über die Infraroteinheit zum Fernsehempfänger gesendet. Dort erfaßt der Infrarotempfänger das Signal und leitet es zur Schalteinheit weiter. Eben eine Art „Lichtbrücke“!

Das Licht zur Tonerzeugung wurde lange vor der Einführung von magnetischen Tonbändern angewendet.

So erlangte fast zeitgleich mit der Einführung des Farbfilmes der Lichtton seine Daseinsberechtigung. Ließ die Farbqualität noch stark zu wünschen übrig (anfangs wurden nur zwei Farben rot und grün verwendet), so tönte eine Klangqualität aus den Bühnenlautsprechern der Filmpaläste, daß der Zuschauer glaubte, mitten im Geschehen zu sein.

Auf dem entwickelten Zelluloidstreifen war neben jedem Einzelbild ein kleines Fensterchen, welches mal mehr und mal weniger Licht auf einen Fotowiderstand fallen ließ. Der sich dadurch ändernde Innenwiderstand veränderte im gleichen Maße die Arbeitsfrequenz eines Tongenerators.
Erst sehr viel später, so um die siebziger Jahre, hielt der Magnetton Einzug in die Kinos.

Franz Seidel stellt in seinem Buch „Phänomen Transzendentalstimmen" die hoch interessante These auf, daß unterschiedliche Ebenen der „Wesenheiten" auf unterschiedlichen Frequenzen kommunizieren. Danach würde die Höhe der Stufe auch die Höhe der Frequenz bestimmen.

Mit einer Unzahl an Frequenzspektren öffnet uns das Licht das Tor zu mannigfaltigen Übertragunsmöglichkeiten auf allen Frequenzebenen.

Anderswo wird behauptet, daß die „Jenseitigen" einen gewissen technischen Aufwand treiben, um mit uns in Verbindung zu treten. Vielleicht ist es einfacher, wenn wir technisch auf den Pfad der Gedankenübertragung einschwenken könnten. Die Gehirnwellen mit ihren Basisfrequenzen müßten doch in einer Niederfrequenzebene erreichbar sein. Denn schließlich ist der Einfluß elektromagnetischer Wellen auf das Gehirn seit der Verbreitung der Handys nachgewiesen.
Als bewiesen gilt: „Je höher die Frequenz und je stärker die Sendeleistung, desto stärker macht sich der schädliche Einfuß auf das Gehirn bemerkbar".

Gelingt es uns, technisch in den Bereich der Gedankenübertragung einzudringen, so wird in der Kommunikation von „Diesseits" zum „Jenseits" eine große Hürde genommen sein.

Die richtige Platzwahl

Tritt die Frage nach einem bestimmten Platz für eine Einspielung auf , so können wir hier die Techniken des alten taoistischen Feng Shui anwenden. Nach dieser dreitausend Jahre alten chinesischen Lehre werden noch heute Gebäude, Plätze und Räume erstellt.
Nach diesem Feng Shui, was übersetzt „Wind und Wasser“ heißt, richtet sich, so der Mythos, die gesamte Natur bis hin zum Universum.
Im fernen Osten ist es üblich, nach diesen Lehren seine Wohnung einzurichten. Bevor das Bett oder ein Stuhl auf einen Platz gestellt wird, wird diese Stelle auf ihre positive oder negative Eigenschaft hin überprüft.
Dazu wird eine zweite Person benötigt. Diese stellt sich auf den ausgewählten Platz und streckt beide Arme gradlinig parallel nach vorne aus. Dabei spannt er/sie die Armmuskeln fest an.
Die andere Person versucht nun mit leichtem Druck diese ausgestreckten Arme herunterzudrücken. Können die Arme nur schwer herunter gedrückt werden, ist dieser Ort positiv.
Lassen sich aber die Arme leicht nach unten drücken, so ist dieser Platz negativ. Machen Sie diesen Versuch an verschiedenen Stellen in ihrer Wohnung oder im Garten.
Es wird sicher ein negativer Platz zu finden sein. Manche tief überzeugte Feng Shui Anhänger sprechen dann von unterirdischen Wasseradern oder magnetischen Störfeldern.
Versuchen Sie es doch einmal selbst. Ich war anfangs sehr skeptisch, wurde dann aber von den Resultaten sehr überrascht. Und das Verblüffende daran ist, daß die Personen beliebig austauschbar sind. Alle kommen an der gleichen Stelle zu dem selben Ergebnis.
In Anlehnung an diese Lehre könnte man jetzt einen bestimmten Platz für eine Einspielung selbst ausloten.

Sollten Sie ähnliche Vorschläge für das Interessengebiet der Transkommunikation haben, würde ich mich freuen, wenn Sie mir diese mitteilen würden. Vielleicht werde ich diese im nächsten Buch veröffentlichen.

Anschrift:
Joachim Bergfeld
66981 Münchweiler
Mühlstr.35

Kapitel 10

Mysteriöser Zwischenfall

Mein Interesse an der Transkommunikation vor meinen Verwandten geheim zu halten, schien mir in Anbetracht der unerwarteten Ergebnisse für nicht adäquat. Deshalb redete ich nach und nach mit jedem Einzelnen meiner Familie über dieses Thema. Zwar waren nicht alle der selben Meinung wie ich, jedoch betraten sie dieses Neuland nicht mit dem gleichen Unverständnis, wie es mir einige Bekannte entgegenbrachten.
So nahm ich die Worte: „Na, mal wieder mit den Toten gesprochen?“ nur als eine freundlich gemeinte Begrüßung auf.

Meine Eltern haben sich in meiner frühen Kindheit getrennt. Ein gutes Verhältnis zu beiden Elternteilen ließ die Verbindungen nicht abreißen. Lediglich der Umstand, daß mein Vater zweihundert Kilometer weit entfernt wohnte, reduzierte meine Besuche auf ein Minimum. Der Kontakt wurde deshalb um so intensiver über das Telefon gepflegt. Dabei weckte die Botschaft über meine „jenseitigen“ Erfahrungen reges Interesse in ihm. Allein die Möglichkeit, eventuell seine verstorbenen Brüder zu kontaktieren, versetzte ihn in große Begeisterung.

Schnell war ein gebrauchter Kassettenrecorder mit einer externen Regelung für das Laufwerk ausgestattet, so daß die Aufnahmen in variabler Geschwindigkeit abgespielt werden konnten.
Gut verpackt wurde das Equipment zur Post gebracht und mit den entsprechenden Aufklebern versehen abgeschickt.

Leider wurde das ungeduldige Warten von meinem Vater auf das besagte Paket nicht belohnt. Nach sechs Tagen teilte er mir fernmündlich mit, daß das Paket noch nicht eingetroffen sei. Trotz gestelltem Nachforschungsauftrag blieb der modifizierte Recorder verschwunden. Da die Warensendung als Päckchen deklariert wurde, leistete die Post, wie so üblich, keinen Schadenersatz.

Auf der Suche nach einem anderen Aufnahmegerät holte mein Nachbar ein schon fast antiquarisches Stück aus seinem Keller. Es handelte sich hierbei um ein Gerät, das aus der Markteinführung des Kassettenrecorders stammte. Was heute aus buntem Plastik gefertigt wird, bestand bei dem alten Recorder aus Blech und Chrom. Das Stahlchassis beherbergte eine Mechanik, die wie ein Schweizer Uhrwerk aus Messing gefertigt war. Auch ansonsten schien der ganze Aufbau bis zum Gehäuse hin für die Ewigkeit geschaffen.

Zusätzlich zu der Modifikation der Geschwindigkeitsregelung des Antriebsmotors wechselte ich den Tonkopf aus. Der neue Autoreverse-Magnetkopf ermöglichte es, die untere Hälfte des Bandes rückwärts abzuspielen. Zur Durchführung mußten lediglich die Kassette in die Gegenrichtung eingelegt und ein Umschalter betätigt werden.
Etwas wehmütig, ein solches Stück abzugeben, verpackte ich dieses Meisterstück an werksgefertigter Präzision sehr gründlich.
Aus Fehlern gelernt, wurde dieses Teil als versichertes Paket zum Versand aufgegeben.

Bereits nach zwei Tagen erreichte die Ware ihren Bestimmungsort. Doch von Freude war keine Rede.
Der Karton selbst war nur leicht eingerissen. Das Gerät aber war so stark deformiert, daß man annehmen mußte, jemand hätte es mit einem Abbruchhammer bearbeitet. Das Gehäuse wurde regelrecht zermalmt. Und das Stahlchassis mit seinem Messingherzen schien von einer tonnenschweren Lanze traktiert worden zu sein. Reparatur unmöglich!

Eine Reklamation bei der Post verlief negativ. Der Schalterbeamte war der Meinung, daß bei einer solchen Zerstörung des Apparates die Verpackung mehr beschädigt sein müßte. Seiner Meinung nach habe ich das Gerät in diesem Zustand abgesandt. Und überhaupt müßte vorher alles viel besser verpackt werden. „Was sollte er auch anderes sagen“? Uns allen fehlten die rechten Worte für einen solchen Zwischenfall.
Doch in meinem tiefsten Inneren stellten sich die Fragen:

„Wer oder was hat den Recorder beschädigt, obwohl er gut verpackt war“?
„Womit konnte ein solch schwerer Schaden verursacht werden“?

„Wohin war der erste Kassettenspieler verschwunden“?
„Wollte da jemand die Kontaktaufnahme meines Vaters mit dem „Jenseits“ verhindern“?
„Mysteriös - oder alles nur Zufall“?

Mein alter Herr hilft mir seit Jahren bei der Produktion von Scannerzubehörteilen, die ich an Deutschlands größtes Elektronikversandhaus liefere. Per Post wechseln die Bausteine ihre Stationen von mir zu meinem Vater und wieder zurück. Noch nie hat etwas gefehlt oder wurde beschädigt.
Nun ja, schließlich enthielt auch keines dieser Pakete einen umgebauten Kassettenrecorder! Oder ?

Kapitel 11

Lebenshilfe

Ein Kapitel über Lebenshilfe zu schreiben, steht normalerweise nur einer Person zu, die ausreichende Kenntnisse in dem Fach Psychologie nachweisen kann. Da ich weder ein Studium in diesem noch in angrenzenden Bereichen absolviert habe, können sich meine Ratschläge nur auf die Erfahrungen beziehen, die mir in meinem bisherigen Leben weitergeholfen haben.

Die Faszination mancher Dinge kann bestimmte Menschen so in ihren Bann ziehen, daß sie ohne Hilfe nicht mehr davon loskommen. Treten in solch einem Fall gefühlsbetonte Faktoren wie Liebe, Trauer oder Schuldgefühle als Antriebsmotor auf, so kann ein Hobby wie die Tonbandstimmenforschung zum Lebensinhalt werden.

Mit Verstorbenen zu kommunizieren, auf welch niedrigem Niveau auch immer, nimmt die Angst vor dem unbekannten Schicksal -“Tod“. Keinesfalls darf man in die Euphorie verfallen: „Danach ist alles besser“.
Es darf nicht der Wunsch überwiegen, dem verlorenen Partner in Trauer zu folgen. Denn keiner weiß genau was „danach“ mit uns passiert.
Wenn es eine Reinkarnation gibt, fängt das ganze Leben wieder von vorne an. Und wer kann schon wissen wie gut oder schlecht dieses verläuft?
Ab einem gewissen Alter ist die Lebenserfahrung soweit angestiegen, daß man über den Dingen stehen muß.
Als Kind wurde mir beigebracht, ältere Menschen zu respektieren. Sie tragen die Weisheit in sich, alles Weltliche zu verstehen, und Vorgänge überlegter zu beurteilen. Sie sind aufgeschlossener für all die Dinge, über die Jugendliche nicht gerne sprechen, sich schämen oder aus Unbedachtheit verschweigen. Leider ist die Zeit vorbei, in der ein Jugendlicher einem Erwachsenen auf der Straße einen guten Tag oder guten Abend wünscht. Die Hektik unseres heutigen Alltags läßt anscheinend keine Zeit für eine solche Ehrerbietung.
Es könnte auch von uns abhängen, daß wir es versäumt haben, mit unseren

Kindern darüber zu reden, daß sie den Erwachsenen diesen Respekt erweisen. Selbst die Lehrer in der Schule werden von den Kids nur als ein notwendiges Übel ihrer „Pauke" angesehen. „Respektsperson Fehlanzeige"! Es fehlt ihnen sowieso der positive Ausblick auf ihre Zukunft. „No Future", heißt es in ihrem Straßenslang. Angesichts der immer weniger werdenden Arbeitsplätze verwundert das nicht.
Wir sind nicht nur ihre Vergangenheit, sondern beeinflussen auch ihre Zukunft. Helfen Sie der heranwachsenden Generation, neue Perspektiven zu entdecken, und unsere Fehler zu vermeiden.
Wir haben nur diese eine Welt. Eine Zerstörung der Natur, egal ob durch Treibgase, Müll oder Kahlschläge, muß gestoppt werden. Machen Sie ihnen klar, daß es nichts nützt, wenn man sich erst über die Abholzung der Regenwälder aufregt, und anschließend achtlos eine Zigarettenkippe wegwirft. Es kann nicht der Sinn sein, zu Hause den Müll zu trennen und wegzusehen, wenn einer eine leere Coladose aus dem Auto wirft.

Teilen Sie ihnen auch mit, daß alte Menschen an ihrem jungen Leben teilhaben sollten, und nicht einfach in Seniorenheime abzuschieben sind.

Jeder, ob jung oder alt ist ein Teil der Natur. Mit ihr zu leben heißt, sie zu achten. Wir alle sind kleine und kleinste Teile der Uhr des Lebens. Jeder ist wichtig. Denn fehlt nur ein Zahn im großen Getriebe, droht die Uhr stehen zu bleiben. Auch wenn keiner dieser vielen Teile genau weiß, wofür er gut ist, so trägt er doch zur Funktion bei, und sei sie auch noch so unscheinbar.
Sie kennen bestimmt die Situation, wo jemand zu einem anderen sagt: „Mensch, wenn ich nur eine Sekunde früher an diesem bewußten Ort gewesen wäre, hätte ich einen schweren Unfall verursacht".
Vielleicht waren gerade Sie es, der diese Person eine Sekunde aufgehalten hat. Weil Sie einen Zebrastreifen überquert haben, und somit unbewußt eine kleine Katastrophe verhindert haben.

Die Welt braucht uns Menschen mehr denn je. Zumal sich die Uhr des Lebens in eine Atomuhr verwandelt hat.

Kapitel 12

Schaltungen

Die nachfolgend aufgeführten Schaltungen sind nicht nur für den einfachen Nachbau gedacht, sondern sollen eigene Ideen wecken und nach Möglichkeit weiterentwickelt werden. Die so geschaffenen Geräte können in unserer technischen Welt der Transkommunikation zu einem entscheidenden Vorsprung verhelfen.
Die Schaltpläne sind zum größten Teil aus dem Buch „Professionelle Schaltungstechnik", erschienen im Franzis- Verlag GmbH Poing, entnommen. Ich danke hier Herrn Günter Wahl für seine freundliche Zustimmung.

Für die Funktionsfähigkeit kann keine Gewähr übernommen werden.

Vorverstärker 30dB

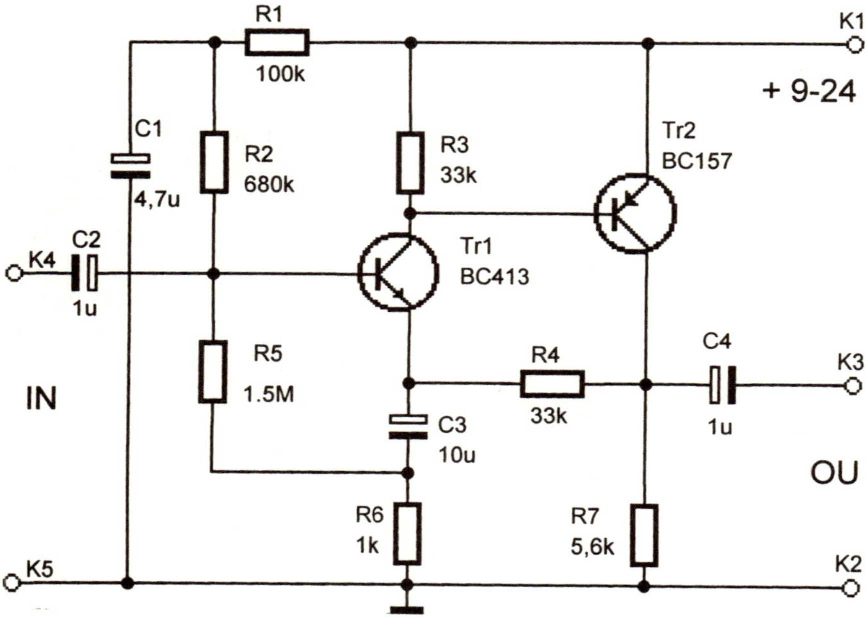

Dieser Vorverstärker verfügt über einen hochohmigen Eingang und ist universell für viele Niederfrequenzgeräte einsetzbar. Wegen der geringen Stromaufnahme, etwa 2,5mA, kann die Schaltung von einer Batterie versorgt werden.

Vorverstärker 40dB.

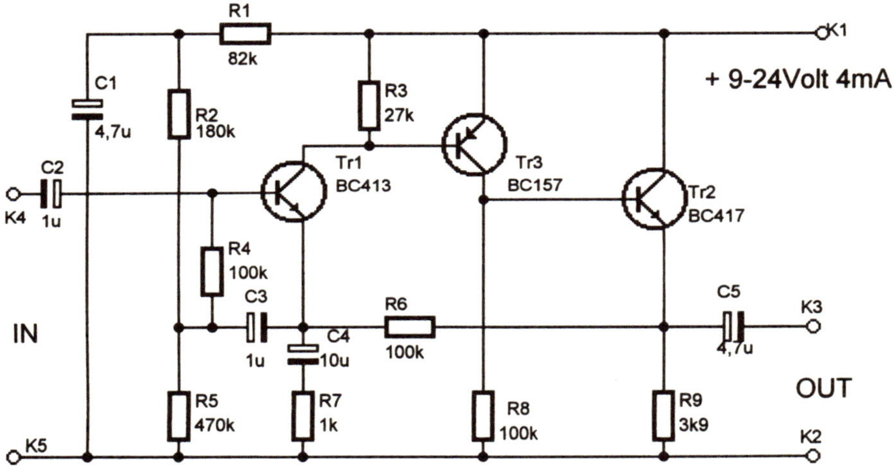

10dB mehr Verstärkung erzeugt diese Schaltung. Der Klirrfaktor beträgt weniger als 0,2% bei einer Ausgangsspannung von 1 Volt. Die Stromaufnahme beläuft sich auf 4 mA.

Verstärker mit dem LM 382.

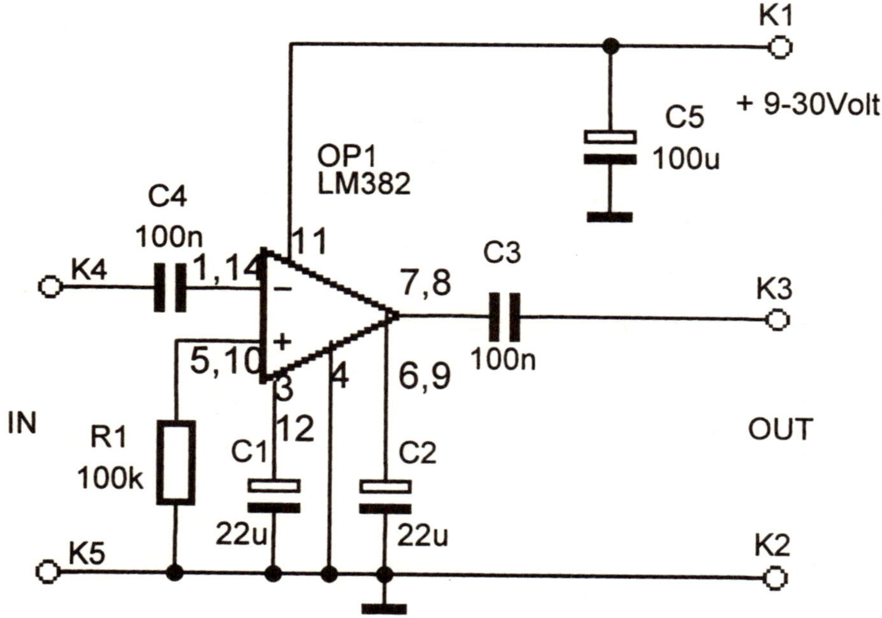

Der hier aufgeführte Kleinleistungsverstärker LM 382 kann in einfachster Weise unter der Verwendung nur weniger Bauteile nachgebaut werden. Durch die Veränderung des Widerstandes an Pin 5 ist die Leistung einstellbar.

Verstärker mit dem LM382.

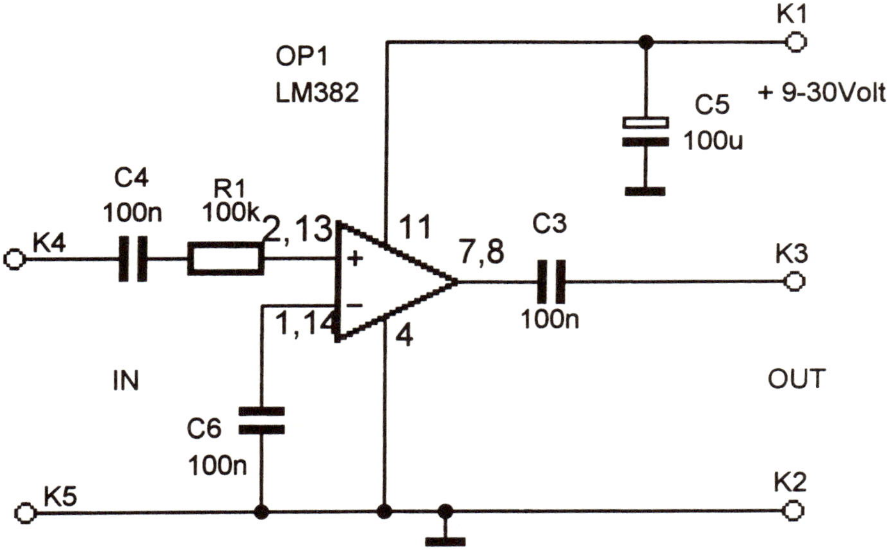

Eine weitere Variante der Kleinleistungsverstärker stellt das IC LM 382 dar. Je nach Beschaltung sind verschiedenste Leistungen erzielbar.

Mikrofonvorverstärker mit dem LM381A.

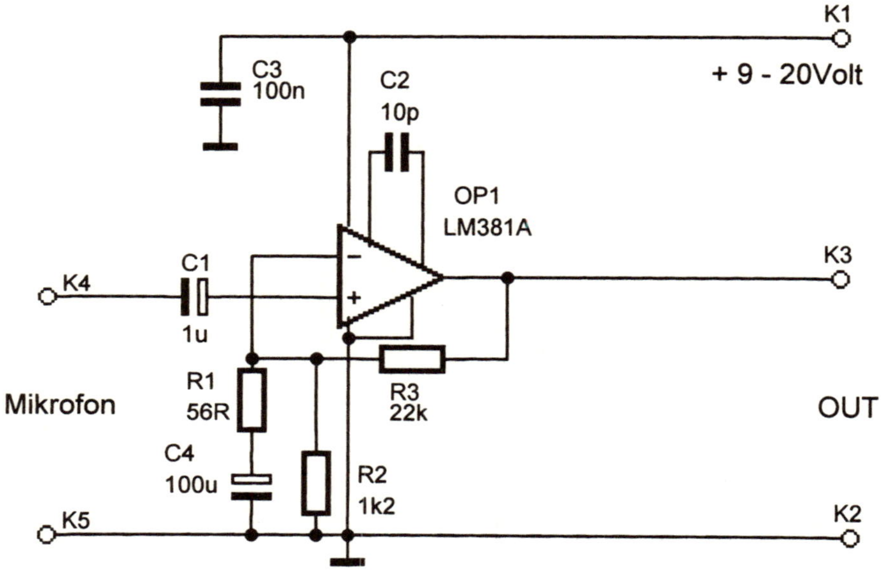

Ein schnell aufgebauter Mikrofonverstärker ist mit dem IC LM 381A zu realisieren.

Symmetrischer Mikrofonvorverstärker.

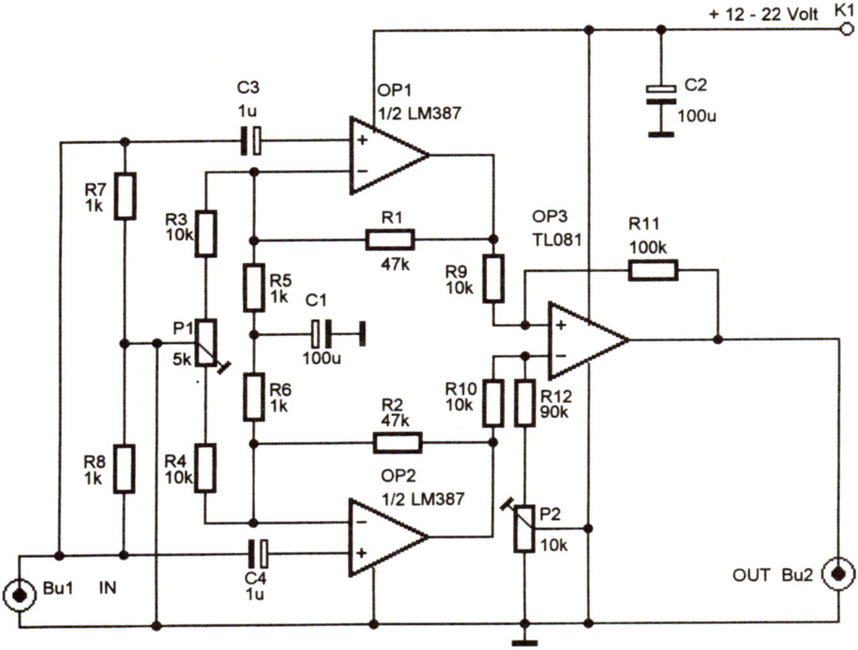

Recht aufwendig ist ein solcher symmetrischer Mikrofonvorverstärker. Mit seinen extrem guten Leistungsdaten ist er für unseren Gebrauch geradezu prädestiniert . Bei einer Ausgangsspannung von 2mV entstehen ein Rauschverhältnis von – 62 dB und ein Klirrfaktor besser 0,1%. Der Spannungsgewinn wird mit 54 dB angegeben. Wichtig ist, daß der Trimmer R14 auf Nullspannung am Schaltungsausgang eingestellt wird.

Einfaches Mischpult

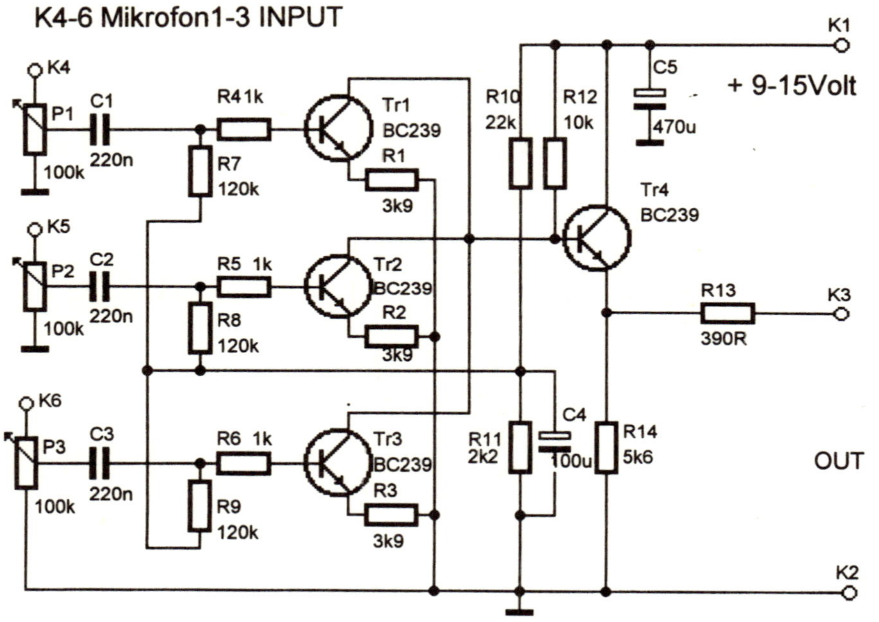

Eine einfache Transistorversion eines Mischpultes ist in dieser Schaltung dargestellt. Die Eingänge sind hochohmig und können für Kondensatormikrofone benutzt werden. Der Klirrfaktor ist mit 0,3% ausreichend. Die Nf-Bandbreite wird mit 13 Hz bis 45 kHz angegeben.

Transistormischpult

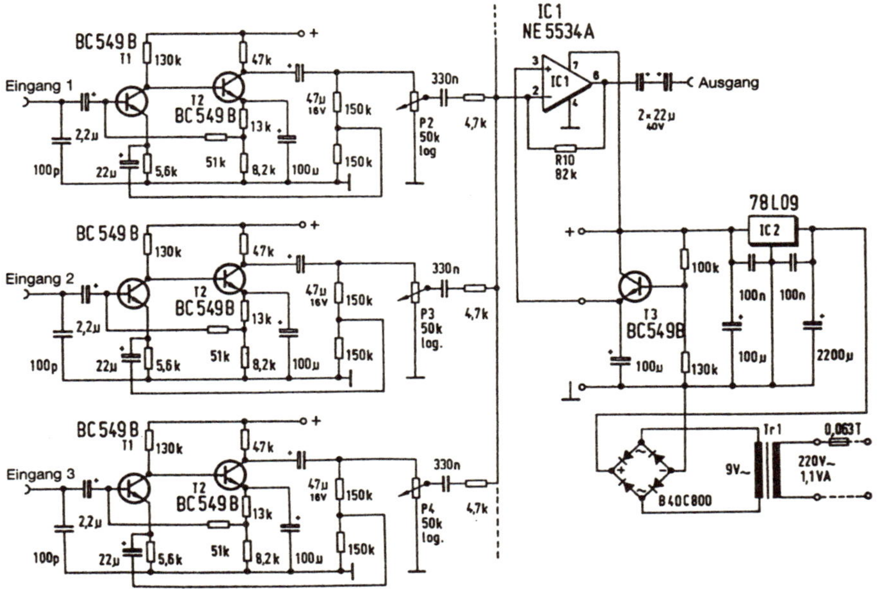

Die hier vorgestellte Variante des Transistormischpultes besitzt je ein zweistufiges Verstärkermodul. Der Eingang ist speziell für Mikrofone ausgelegt. Die Anzahl der Eingangsmodule ist beliebig erweiterbar.

Mischpult mit TL 071

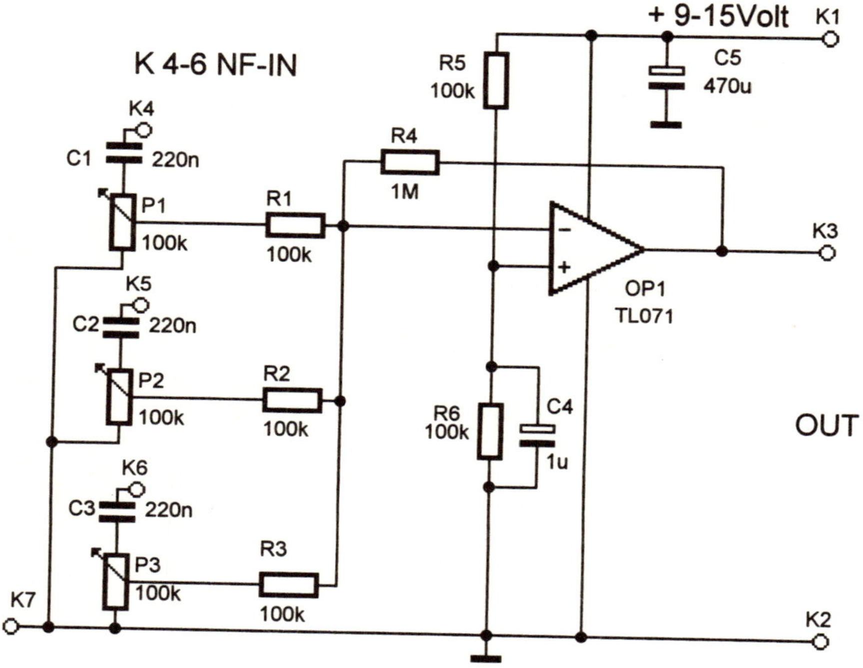

Eine billige Lösung für den Aufbau eines Mischpultes ist die einfache ohmsche Zusammenfassung mit Widerständen, die einer Verstärkerstufe zugeführt werden. Auch hier kann die Anzahl der Eingänge problemlos erweitert werden.

Mischpult mit Differenzverstärkern

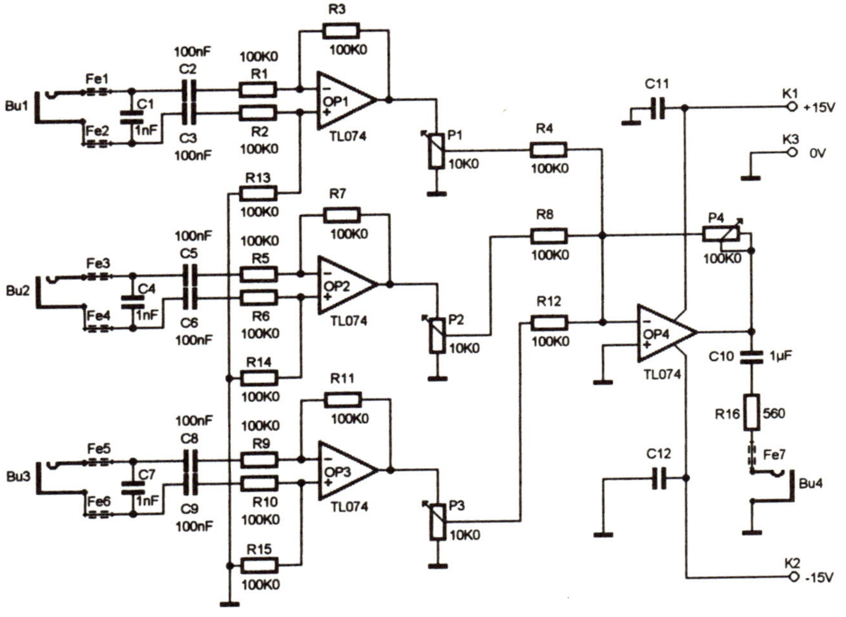

Dieses System kann auch bei großen Kabellängen eingesetzt werden. Selbst eine nicht abgeschirmte Zweidrahtleitung erlaubt einen störungsfreien Betrieb.

Einfache passive Klangregelung

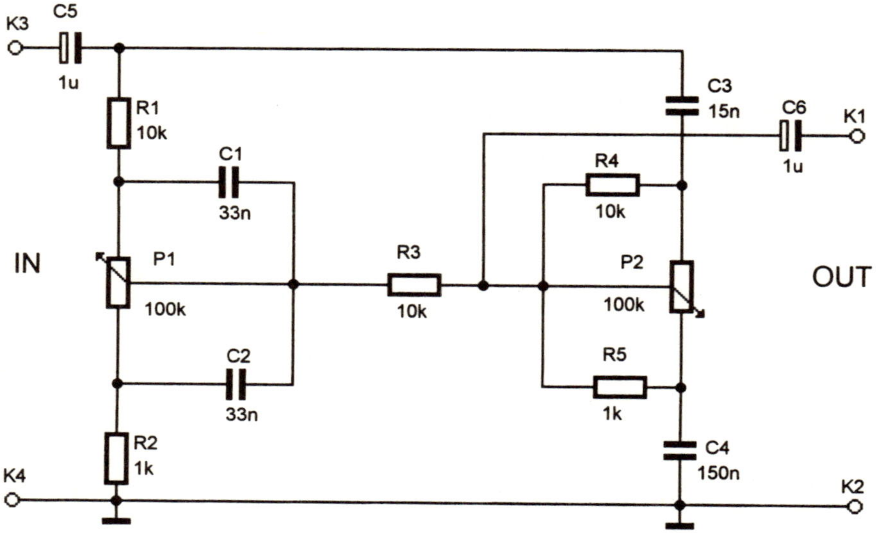

Die hier dargestellte Grundschaltung einer Klangregelstufe kann universell für Audiosignale eingesetzt werden.

Aktive Klangregelung

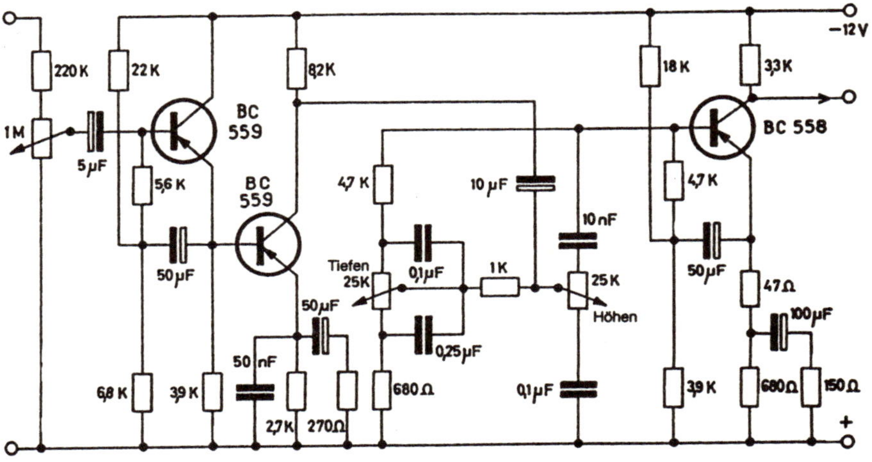

der nachgeschalteten Filterstufe. Die Transistoren können auch gegen NPN-Typen ausgetauscht werden. Somit ist eine positive Betriebsspannungszuführung möglich. Der Regelbereich umfaßt eine Dynamik von –10 bis +16 dB bei 30Hz und –18 bis +12 dB bei 15 kHz.

Lautstärke und Klangeinstellung

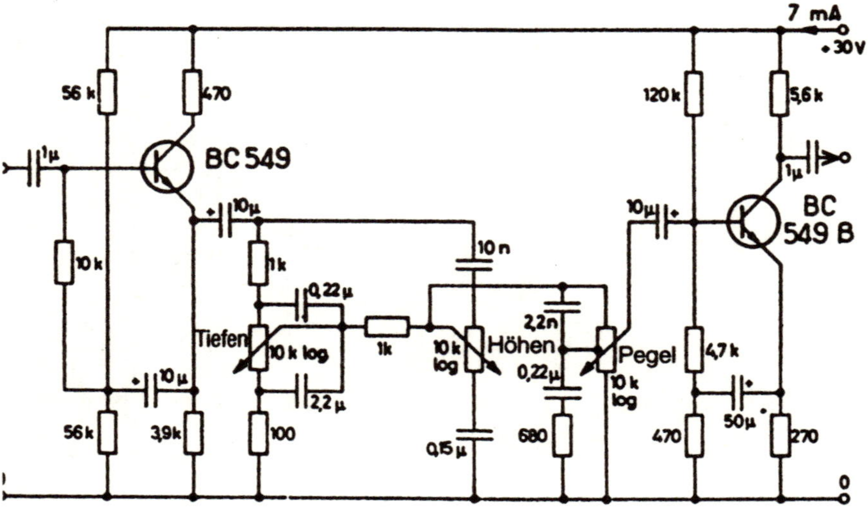

Der zusätzliche Abgriff beim Lautstärkeregler kann auch entfallen. Normalerweise dient er zur gehörrichtigen Lautstärkeanpassung.

Lautstärke und Klangeinstellung mit OP TL 081

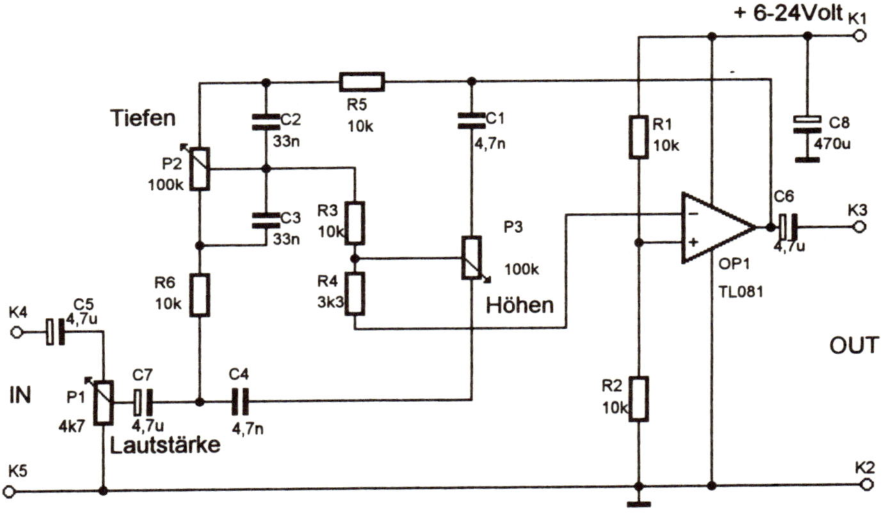

Anstatt Transistoren wird hier zur nachfolgenden Verstärkung ein Operationsverstärker eingesetzt. Weiterhin ist es möglich, die Verstärkung durch eine Rückkopplung des TL 041 zu erhöhen. Mit steigender Verstärkung steigt jedoch auch das Rauschverhalten des Verstärkers.

Vierkanal Equalizer

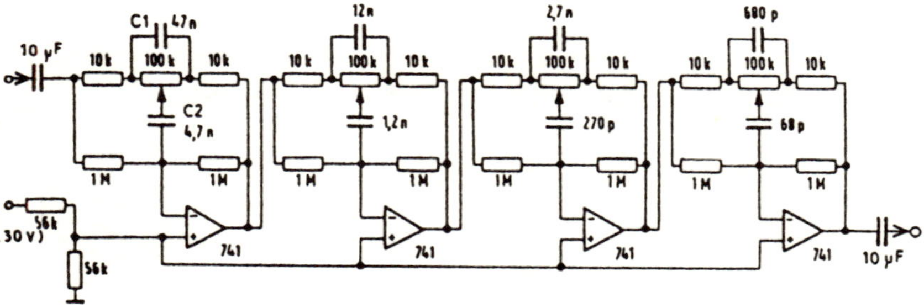

Einfache Equalizerschaltungen lassen sich mit Operationsverstärkern leicht aufbauen. Als OP´s empfehle ich allerdings, rauscharme Typen wie TL 081 zu verwenden. Die Nennfrequenzen der einzelnen Filter sind 125 Hz, 500 Hz, 2 kHz und 8 kHz. Der einzelne Einstellbereich umfaßt jeweils 24 dB.

VU-Meter

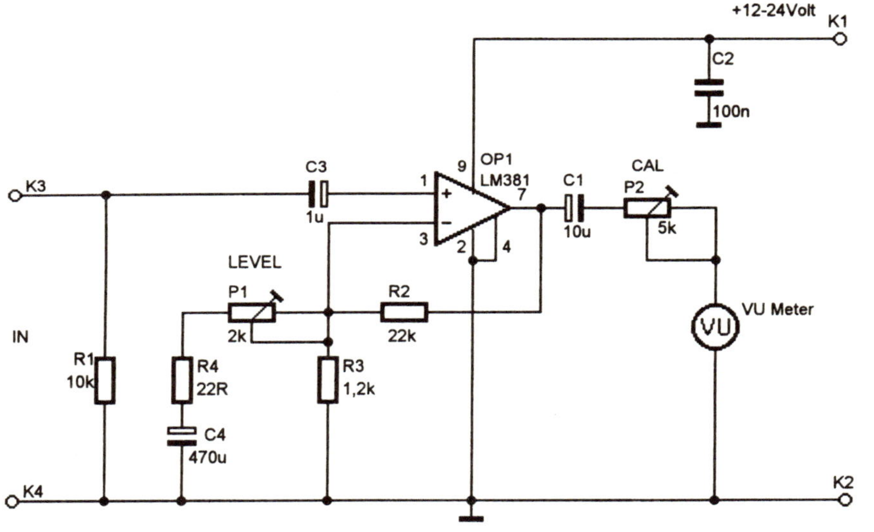

Ein VU-Meter ist das wichtigste Anzeigegerät in der Elektroakustik. Um Übersteuerungen zu vermeiden, werden sie zur Kontrolle an Einstellungskreisen in Mischpulten sowie Kassettenrecordern und Tonbandgeräten eingebaut.

Dynamikkompressor

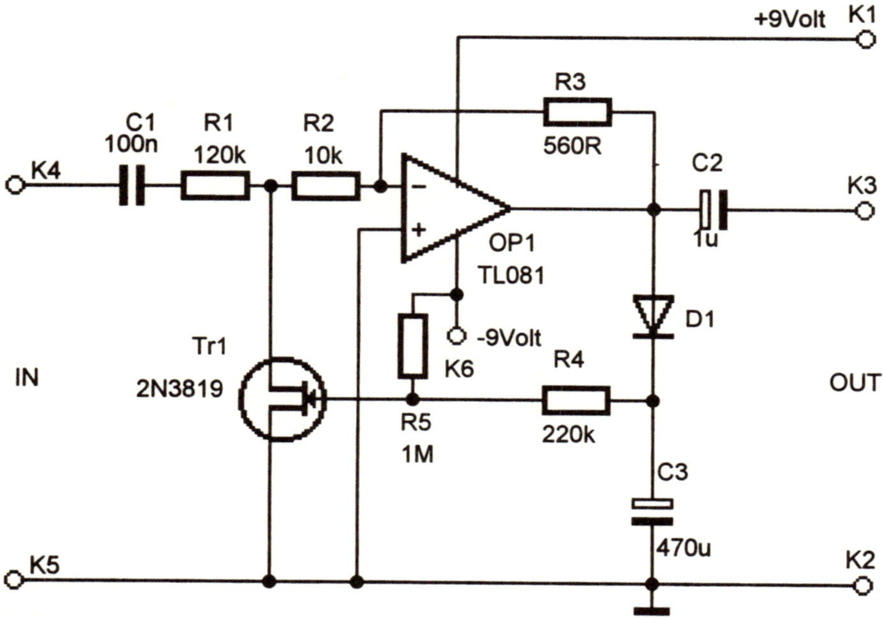

Dieser automatisch regelnde Vorverstärker wird vor allem im Funkbereich eingesetzt. Hier wurde als Stellwiderstand ein Feldeffekttransistor eingesetzt. Eingangsspannungssschwankungen von 50 mV bis 5 Volt werden am Ausgang auf einen Wert um 500 mV stabilisiert.

Tiefpaß für Nf-Anwendungen

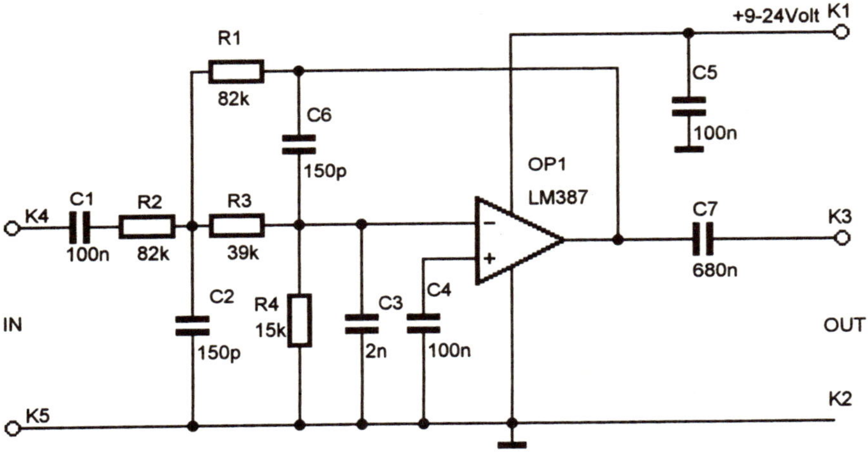

Im Audiobereich sind verrauschte Signale unerwünscht. Der Übertragungsbereich von Sprache erstreckt sich von 300 – 3000 Hz. Weiter oberhalb kann das Band begrenzt werden.
Die aufgeführte Schaltung erreicht eine Höhenabsenkung von 12 dB pro Oktave. Der Klirrfaktor beträgt etwa 1%.

Bandpaß für Sprachwiedergabe

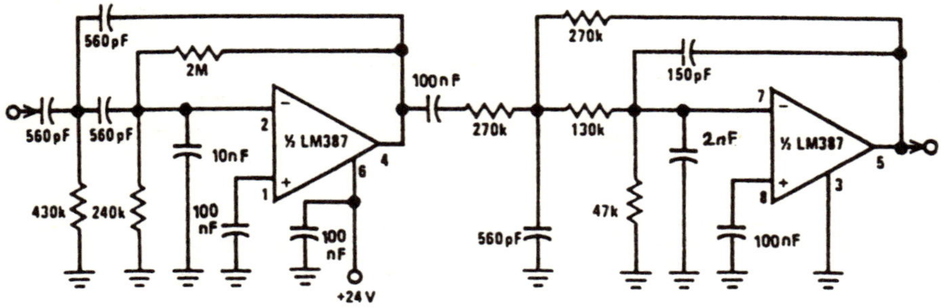

Diese Schaltung filtert das Nf-Signal so, daß das Sprachband optimal übrigbleibt. Hierbei wird eine maximale Dämpfung von -40 dB erreicht.

Brückenverstärker 900mW

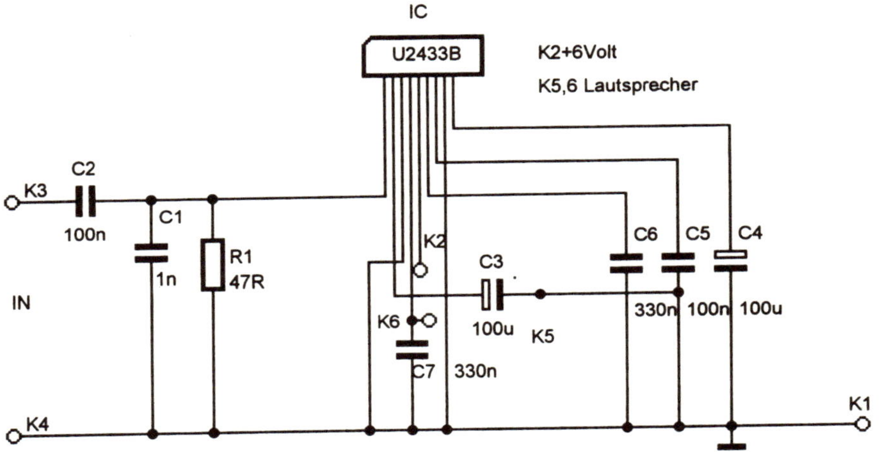

Das Verstärker IC U 2433 B läßt auch im niedrigen Versorgungsbetrieb von 3 Volt eine Nf-Ausgangsleistung von 225 mW zu. Eine Spannungserhöhung über 7 Volt führt zur sofortigen Zerstörung des Hybriden.

Kleinleistungsverstärker LM 390

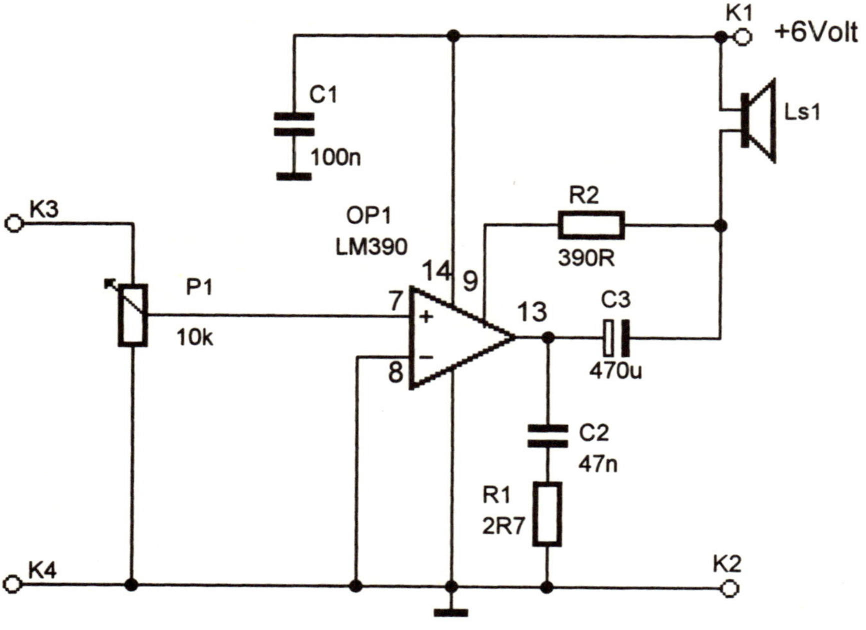

Dieses Verstärker IC kann bei einer Versorgungsspannung von 9 Volt eine Ausgangsleistung von 2 Watt erbringen. Die Impedanz der angeschlossenen Last darf 4 Ohm nicht unterschreiten.

Verstärker IC U 420 B

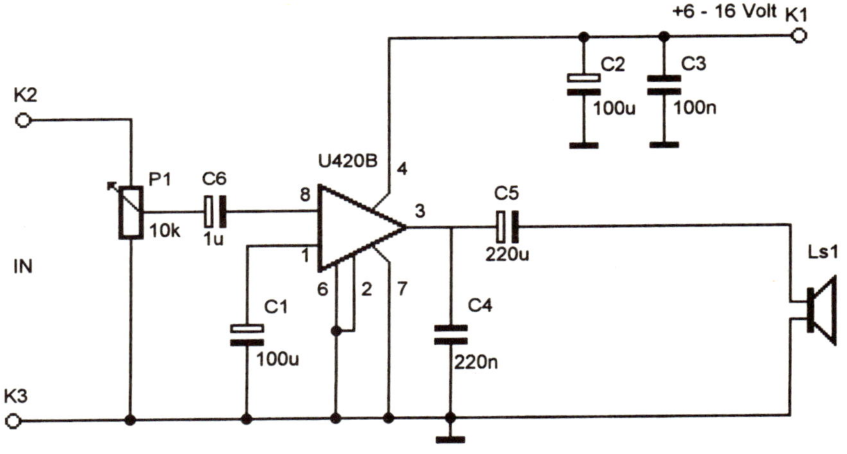

Mit extrem wenigen zusätzlichen Bauteilen kommt das Verstärker IC U 420 B aus. Der Spannungsgewinn wird mit 40 dB angegeben. Eine Ausgangsleistung von 1 Watt ist erreichbar.

Nf-Verstärker TBA 820

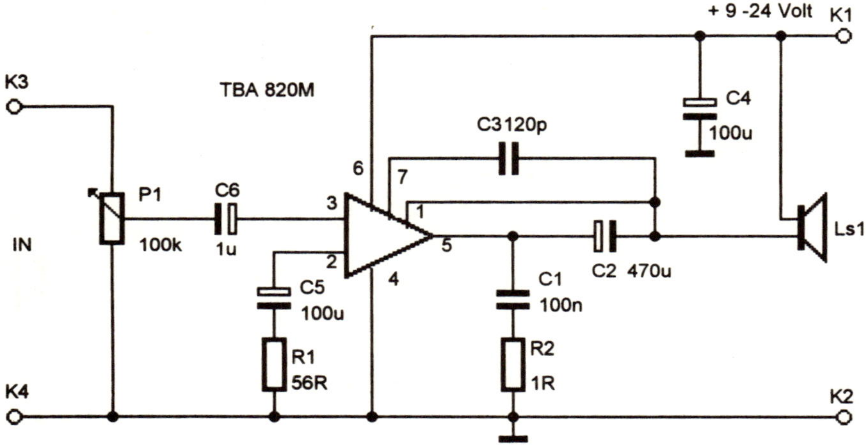

Zwei Watt Ausgangsleistung leistet das Nf-IC TBA 820. Als zusätzliches Brummfilter kann ein 50uF Kondensator an Pin 8 angeschlossen werden.

Verstärker mit LM 380

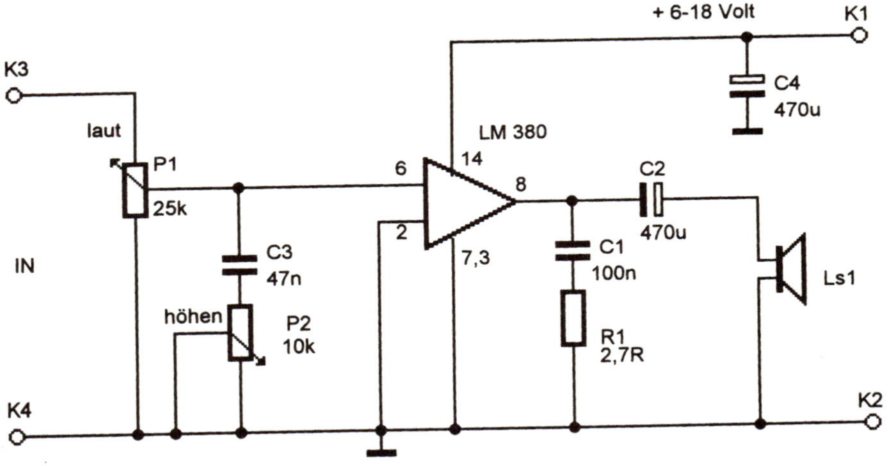

Mit geringster Beschaltung kann ein 4 Watt Verstärker mit dem IC LM 380 entstehen. Die Last kann bis 4 Ohm abgesenkt werden. Der Pin 1 ist als Mutingeingang beschaltbar. Um Eigenschwingungen zu vermeiden, muß der Pin 14 kapazitiv belastet werden.

Spulenloser Empfänger

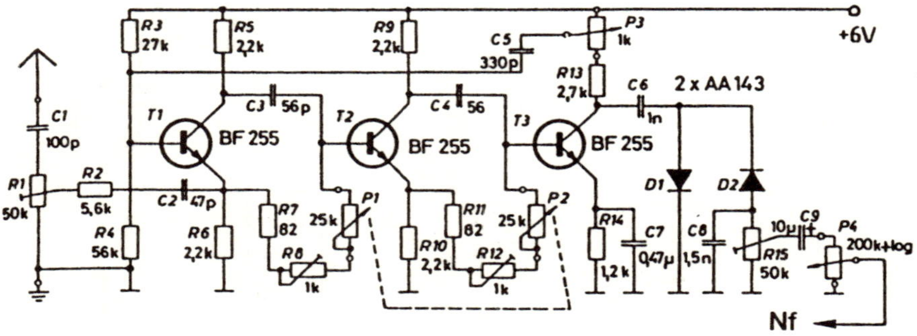

Das obige Schaltbild zeigt einen spulenlosen Empfänger für den Bereich von Langwelle bis hin zur unteren Kurzwelle. Der RC-Generator synchronisiert sich parallel zum Empfangssignal. Der Abgleich erfolgt mit P1 und P2.

Der Regler P3 ist dabei so einzustellen, daß er selektiv zum Oszillator arbeitet.

Psychoempfänger

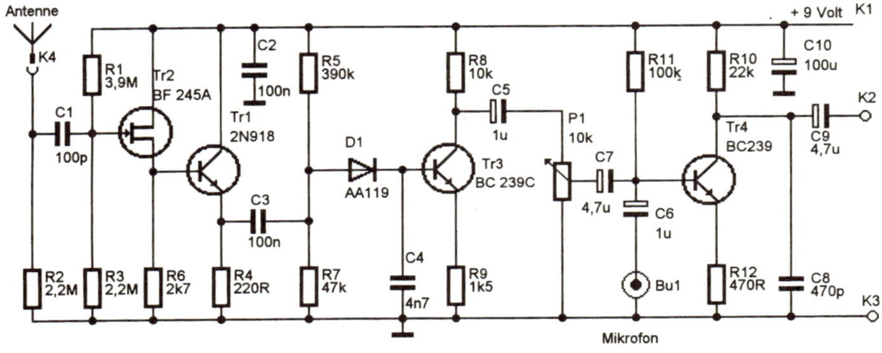

Eine Art Psychofon ohne Selbstsender stellt die obige Schaltung dar. Zu einem nicht regelbaren Breitbandempfänger mit Amplitudendemodulator wird das Nf-Signal eines Mikrofons gemischt. Ein Oszillator als Selbstsender könnte in die Emitterleitung eingekoppelt werden. Die Antenne ist so kurz zu halten, daß das empfangene Signal möglichst signalschwach ist. Ebenso kann auch die Vorspannung am FET reduziert werden. Resonanzkreise im Eingang selektieren den Empfangsbereich.

Gerade diese Schaltung läßt alle Wege offen, um sich sein eigenes Psychofon zu bauen. Die Originalschaltung ist in einem kleinen Taschenbuch von Franz Seidel mit dem Titel „Phänomen Transzendentalstimmen„ enthalten. Dieses Buch ist beim Verein für Tonbandstimmenforschung (VTF) e.V. erhältlich.

Der gesamte Aufbau muß in ein HF-dichtes Gehäuse eingebaut werden, um unerwünschte Ausstrahlungen zu vermeiden.

HF Oszillator

L1 und C4 bestimmen die Arbeitsfrequenz

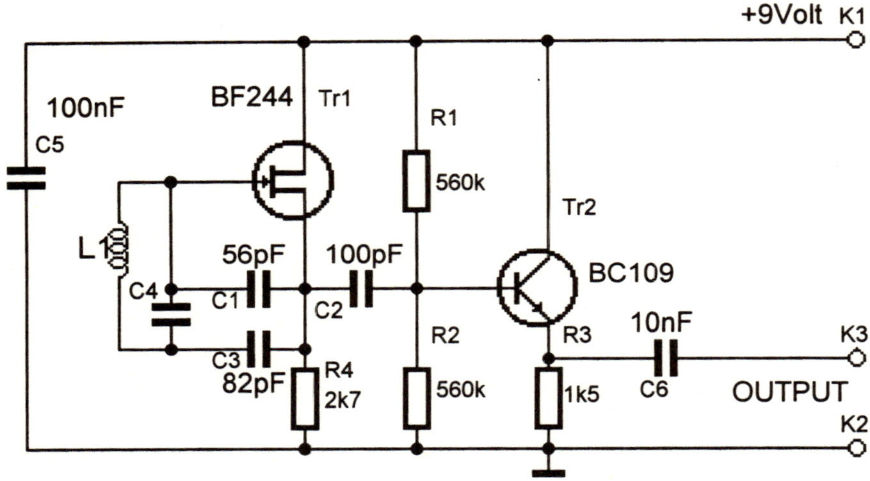

Ein einfacher HF Oszillator realisiert diese Schaltung. Der Parallelresonanzkreis bestimmt die Arbeitsfrequenz. Beachten Sie bitte vor dem Betrieb die einschlägige Gesetzgebung.

VCO

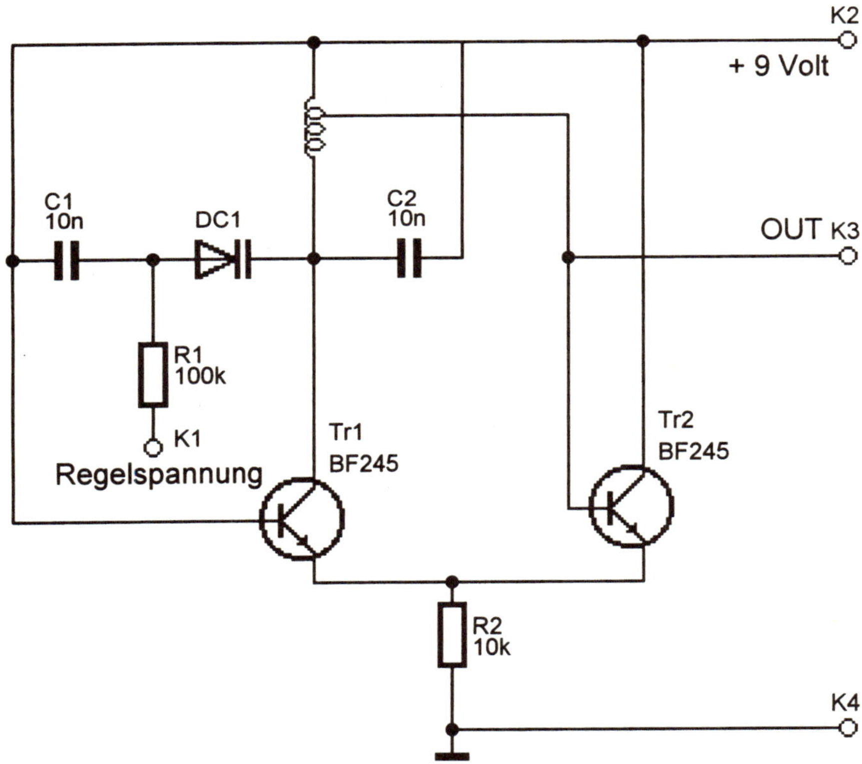

Der spannungsgesteuerte Oszillator (VCO) ist der gebräuchlichste Schwingungserzeuger. Wie der Name schon sagt wird zum Abgleich der Frequenz eine Spannung benötigt. Die kleinen Kapazitätsdioden benötigen nur sehr wenig Platz und können einen hohen Regelbereich abdecken. Die Stabilität der Frequenz ist dabei abhängig von der Festigkeit der angelegten Spannung.

Rauschgenerator

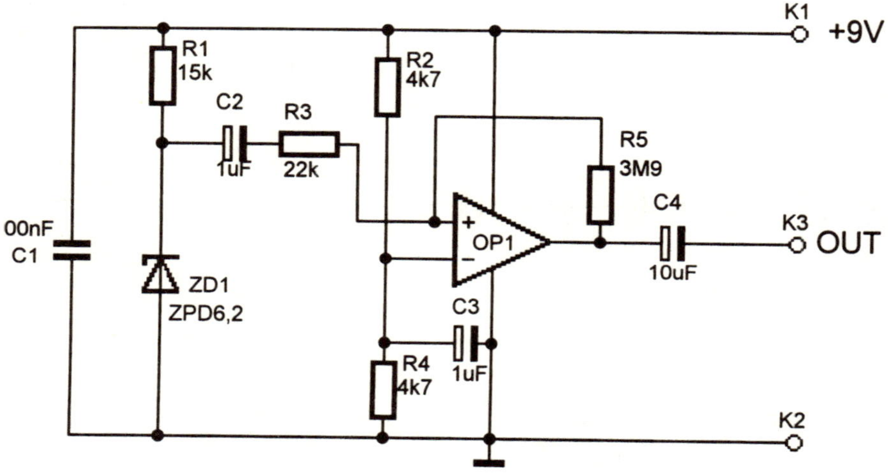

Hauptsächlich findet ein solcher Rauschgenerator in Musikinstrumenten wie Orgel und Synthesizer seine Anwendung. Für unser Gebiet der Transkommunikation könnte er hilfreich für die Erzeugung eines breitbandigen Feldgenerators sein. Als Rauschquelle wird eine Zenerdiode verwendet.

Nf-Oszillator

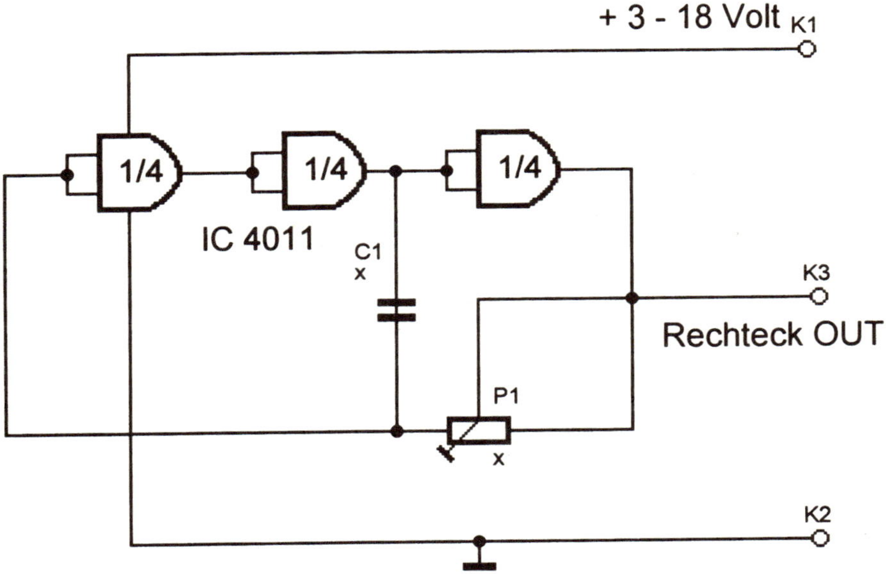

Ein sehr einfacher und platzsparender Oszillator kann mit einem CMOS IC 4011 aufgebaut werden. Der Frequenzbereich erstreckt sich je nach verwendetem R – C –Glied von 1 Hz bis 1,5 MHz. Die Frequenz bleibt auch bei Spannungsänderungen stabil.

Sägezahngenerator

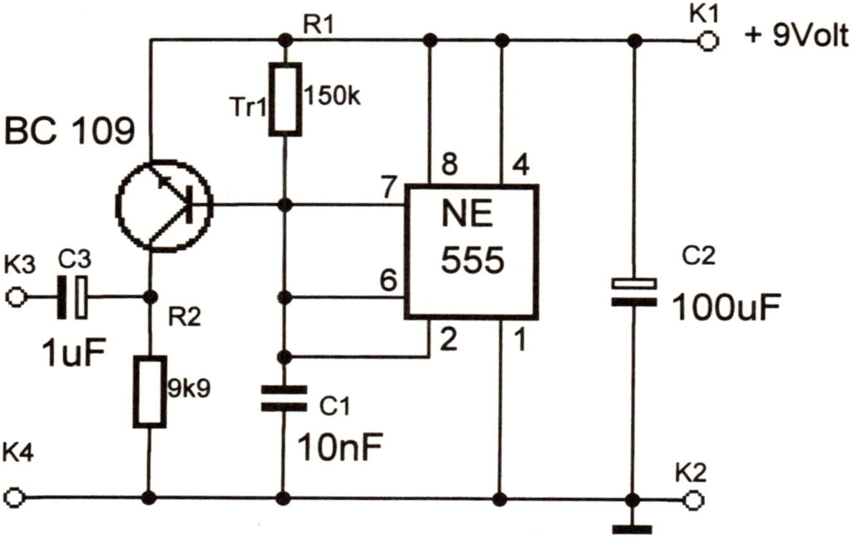

Angewendet werden solche Oszillatorschaltungen in Wobblern und Kippschaltungen. Vielleicht könnten sie auch in der Tonbandstimmenforschung zur Felderzeugung genutzt werden.

Infrarot-Empfänger

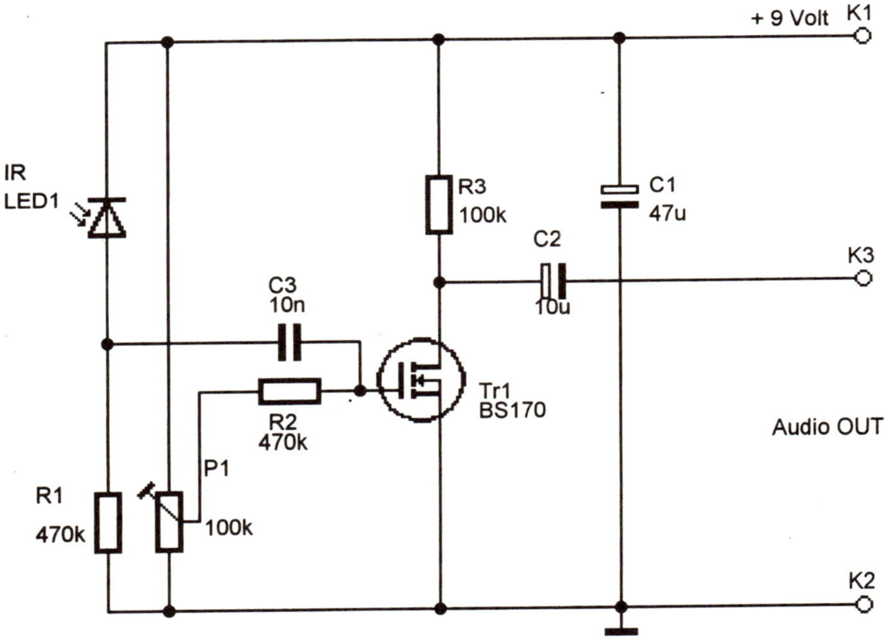

Auf das Wesentlichste beschränkt wurde diese Infrarotempfängerschaltung konzipiert. Der Ausgang kann auch mit einem kleinen Lautsprecher betrieben werden. R3 muß lediglich auf ein paar hundert Ohm reduziert werden. Dabei steigt die Stromaufnahme merklich an. Als Infrarotdiode sollten solche Typen verwendet werden, die mit einem Tageslichtfilter ausgestattet sind.

Infrarot-Sender

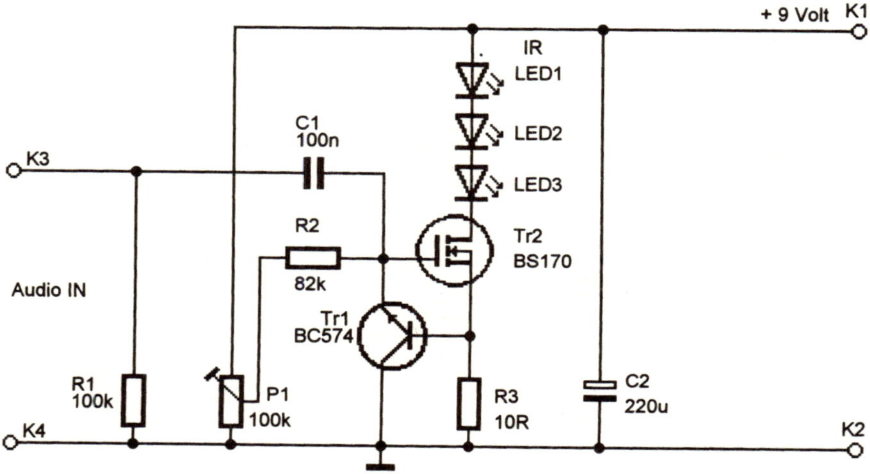

Mit dem gleichen MOSFET wie der Infrarotempfänger ist auch der Sender ausgestattet. Der Strom, der durch die Leuchtdioden fließt, wird auf 100 mA begrenzt. Der Ruhestrom, der durch die LED´s fließt, wird mit dem Trimmer auf minimale Verzerrung eingestellt.

Das Ätherophon

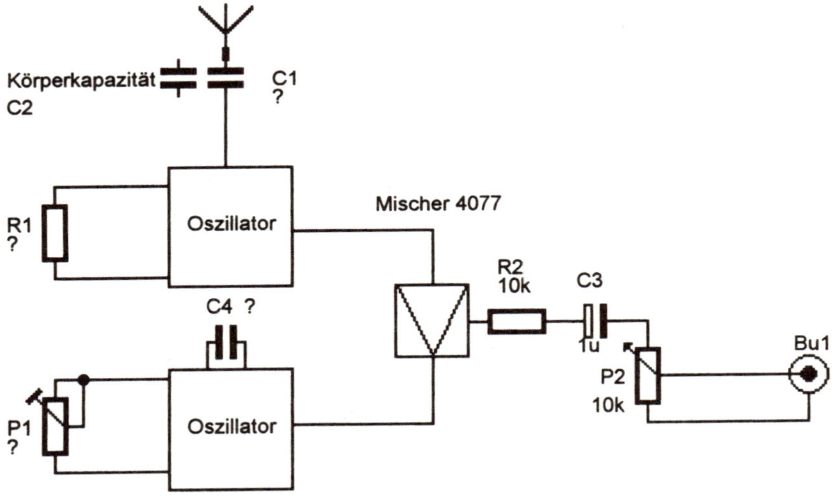

Der Aufbau eines solchen Gerätes ist für den erfahrenen Elektronik-Tüftler gedacht. Die Oszillatoren können wahlweise aus CMOS-Generatoren, Transistor-Oszillatoren oder Timer-IC`s konzipiert werden. Der meiste Aufwand, dürfte die Herstellung einer hochempfindlichen Einkoppelkapazität darstellen.

Beide Oszillatoren werden mit einem Mischer verknüpft. Nach der Subtraktion der Oszillatorsignale kann das Nutzsignal ausgegeben werden. Die Oszillationsfrequenzen sollten im Bereich um 1 MHz gewählt werden.

Kapitel 13

Rechtslage für den Selbstbau elektronischer Schaltungen

Wie im Kapitel 3 erwähnt, kann die Herstellung oder Inbetriebnahme eines bestimmten Gerätes verboten sein. Dieses Verbot bezieht sich vor allem auf Schaltungen, die Ausstrahlungen außerhalb des NF-Bereiches aufweisen. Im Transkommunikationsbereich sind das vor allem Selbstsender, Oszillatoren und Generatoren mit einem Arbeitsbereich über 30kHz.
Bis zum 31.Juli 1996 regelte das Fernmeldeanlagengesetz vom 10.8.1989 die Rechtslage. Im dem verabschiedeten FAG wurde ein Gerät, das aufgrund seiner Funktion Hochfrequenzstrahlung aussendet, als genehmigungspflichtige Funkanlage deklariert. Bei Nichtbeachtung dieses Gesetzes wurden Freiheitsstrafen bis zu zwei Jahren angedroht.

Das momentane Telekommunikationsgesetz vom 1.7.1996 sieht kein Strafmaß vor. Eine tatsächliche Bestrafung wird jedoch nach Schwere des Vorgangs gewichtet. Vor allem für den Vertreiber von nichtgenehmigten Geräten gilt der Vorwurf der „Verleitung zu einer Straftat".

Hier der zugehörige Auszug aus dem Telekommunikationsgesetz TKG Jahrgang 1996 Teil 1 Nr.39 §61:

Störungsfreie Frequenznutzung

Das Bundesministerium für Post und Telekommunikation wird ermächtigt, zur Sicherstellung der Einhaltung der grundlegenden Aufforderungen nach § 59 Abs. 2 Nr. 1 und 2 sowie zur Sicherstellung der störungsfreien und effizienten Nutzung des Frequenzspektrums entsprechend den grundlegenden

Anforderungen nach § 59 Abs. 2 Nr. 5 in der Rechtsverordnung nach § 59 Abs. 4 die Voraussetzungen und das Verfahren für das Inverkehrbringen und Betreiben von Funkanlagen, die nicht für die Anschaltung an ein öffentliches Telekommunikationsnetz bestimmt sind, und von Geräten, die der Nutzaussendung elektromagnetischer Wellen dienen, zu regeln. Für die Überwachung gilt § 59 Abs. 7 und 8 entsprechend.

Kapitel 14

Glossar

Daseinsebene

Die Daseinsebene wird in Verbindung mit der Astralwelt gebracht. Innerhalb dieser Astralwelt gibt es sieben Dimensionen, die wiederum in jeweils sieben Stufen unterteilt sind. Die Beschaffenheit der Astralwelt liegt außerhalb unserer räumlichen Vorstellungskraft. Es wird dabei von Dimensionen, Ebenen oder Sphären gesprochen, aber nicht von einem festen Ort. In der paranormalen Wissenschaft spricht man von einem besonderen Bewußtseinszustand.

Gravitationskraft

Die Gravitation ist die Kraft, welche die Erde auf alle Körper ausübt. Die Stärke dieser Kraft steht proportional zu der Masse des Bezugsplaneten. Da zum Beispiel der Mond sieben mal kleiner ist als die Erde, beträgt die Anziehungskraft dieses Trabanten auch nur ein siebtel der Erdanziehungskraft.

Hypnose

Hypnotismus ist die Fähigkeit (bzw. die Wissenschaft), das Bewußtsein einer bestimmten Person in einen Schlafzustand zu versetzen, um somit das Unterbewußtsein beeinflussen zu können. Dabei treten unterschiedliche Grade des Hypnosezustands auf.

1. Leichter Hypnoseschlaf. In diesem Zustand hat das Medium seine Augen meistens noch geöffnet und beherrscht all seine Muskeln. Es ist schwierig, in diesem Zustand Befehle an das Medium weiterzugeben.

2. Mittlerer Hypnoseschlaf. Leichte Suggestionsbefehle werden ausgeführt. Es wird der Übergang zum nächsten Hypnosezustand geschaffen.

3. Tiefer Hypnoseschlaf. Es wird eine Bindung zwischen Medium und Hypnotiseur hergestellt. Die Person wird gezwungen, die ihr gegebenen Befehle auszuführen. In diesem Zustand wird das Medium unempfindlich gegen Schmerzen. Selbst aufwendige Zahnbehandlungen können ohne Narkose durchgeführt werden. Kenntlich kann dieser Zustand gemacht werden, indem ein Muskel absolut versteift wird.

Koexistenz

Koexistenz ist die harmonische Gemeinschaft zweier Wesen, die trotz Artfremdheit voneinander profitieren.
Beispiel: Die Haut von Nashörnern wird von Parasiten befallen, die es selbst nicht entfernen kann. Deshalb hält es sich einen kleinen Vogel, der dieses Ungeziefer herauspickt.

Konformität

Zur Harmonisierung von Gesetzen und Richtlinien innerhalb der EG werden Waren einer Konformitätsprüfung unterzogen. Diese Richtlinien müssen von allen Herstellern in dieser Gemeinschaft eingehalten werden. Zum Beispiel werden Stoffe für Kinderspielzeuge auf eventuelle toxische Wirkung oder ihre Entflammbarkeit hin überprüft.
Zugrunde liegt dabei ein umfangreicher Typenkatalog mit unzähligen EN-Nummern (EN = Europäische Norm).

Kurzzeittote

In der Medizin wird von Kurzzeittoten gesprochen, wenn ein Patient nach einem Herzstillstand ins Leben zurückgeholt wurde. Der Zeitraum zwischen dem Herzstillstand und der Reanimation kann durchaus mehrere Minuten betragen. Die betroffenen Personen berichten meist von außerkörperlichen Erfahrungen während dieser Zeit.

Lebensenergie

Die Lebensenergie ist die Kraft, die ein Lebewesen bewußt oder unbewußt am Leben erhält. Sie ist nicht zu verwechseln mit dem normalen Stoffwechsel, der den Organismus mechanisch aufrecht erhält.

Manifestation

Manifestationen sind Erscheinungen, welche sensorisch erfaßt und aufgezeichnet werden können. Die Erscheinungsform kann sowohl materiell als auch optisch oder akustisch variieren. Im Bereich der Tonbandstimmen spricht man von einer Manifestation, wenn ein paranormales Stimmenpotential von einem Mikrofon mit angeschlossenem Kassettenrecorder aufgenommen wird.

Medium

Ein Medium ist eine Person, die ihre paranormalen Fähigkeiten soweit ausgebildet hat, daß sie sie nutzbringend einsetzen kann. Durch verschiedene Trancezustände steht manchen Medien die Möglichkeit offen, auf andere

Daseinsebenen Zugriff zu nehmen.
Meist bieten sie ihre hellseherischen Fähigkeiten einzelnen Personen an, um ihren Lebensunterhalt zu verdienen.

Mentales Schreiben

Eine Art der Kommunikation mit Verstorbenen ist das mentale Schreiben. Es besteht die Auffassung, daß bei dieser Art der Verbindungsaufnahme die verstorbene Person eine bestimmte Daseinsebene erreicht haben muß. Die Kontakt suchende Person nimmt dabei mental Verbindung mit dem „Jenseitigen„ auf. Die Hand des Mediums zeichnet die Botschaften von der „anderen Seite„ auf.

Mikrofonstimmen

Mikrofonstimmen sind paranormale Stimmen, die vom Mikrofon aufgefangen werden, aber nicht von einer im Raum befindlichen Person stammen.

Mythen/Mythos

Der Mythos ist die Überlieferung vom Ursprung einer bestimmten Sache. Der theogonische Mythos ist die Erzählung von Göttern und ihren Taten. Die Übergänge zwischen Mythos, Religion und Dichtung können dabei fließend sein. Ebenso kann die Phantasie und die Verbindung des Natürlichen und Übernatürlichen dem Formenreichtum seine Richtung weisen.

Nachtlichtstrecke

Die Nachtlichtstrecke ist der Zeitraum, bei dem der Ort, an dem wir uns befinden, nicht vom Sonnenlicht erhellt wird.

Nirwana

Das Nirwana wird in verschiedenen Religionen als der Endreisepunkt der Seele bezeichnet. Dabei wird berichtet, daß der Geist die verschiedenen Daseinsebenen durchlaufen muß um dieses Endziel zu erreichen.

Paranormal

Als paranormal werden Vorgänge bezeichnet, die jenseits unserer physikalischen Gesetzmäßigkeiten ablaufen.

Radiostimmen

Das sind aufgezeichnete Stimmen, die sich unter Zuhilfenahme eines von einem Radiogerätes abgestrahlten Trägers manifestieren. Sie sind nicht zu verwechseln mit den Mikrofonstimmen.

Reinkarnation

Wiedergeburt der Seele nach dem Tod. Fast alle Religionen berichten von dem Weiterleben der Seele nach dem körperlichen Tode. Sie bezeichnen die

Seele als unsterbliche Lebensenergie, die wie alle Energien nur umwandelbar ist, aber nicht verlorengehen kann.

Spiritistische Sitzung

In einer weltweiten Bewegung wird im Spiritismus der Glaube vertreten, daß die Seele und somit der Geist eines Menschen nach dem Tode weiter existiert. In Séancen versuchen Medien, einen Kontakt zu diesen Geistern herzustellen.

Tageslichtstrecke

Im Gegensatz zur Nachtlichtstrecke wird hier ein Zeitablauf beschrieben, der sich im Zeitraum von Sonnenauf- bis Sonnenuntergang bewegt.

Telepathie

Telepathie ist die geistige Verbindungsaufnahme mit einer oder mehreren Personen. Die räumliche Entfernung zwischen den Personen spielt dabei eine untergeordnete Rolle. Die Verbindungsaufnahme kann sowohl einseitig als auch gegenseitig aufgebaut werden. PSI-Wissenschaftler sprechen davon, daß alle Menschen über diese Fähigkeit verfügen könnten, sie müßte nur ausgebildet werden.

Trance

Trance ist ein schlafähnlicher oder ekstatischer Zustand, der durch Eigen- oder Fremdhypnose hervorgerufen wird. In diesem Zustand gewinnt das Unterbewußtsein die Oberhand über den Körper.

Transzendenz

Transzendenz ist das Überschreiten einer physikalischen Grenze in den übersinnlichen Bereich.

Träger/Trägerfrequenz

Im Funkbereich spricht man von einer Trägerfrequenz, die benutzt wird, um ein bestimmtes Nutzsignal von einem Ort an einen anderen zu senden. Diese Frequenzen werden auf einem Radio in Kilohertz und Megahertz angegeben.
In dem Bereich der Tonbandstimmenforschung wird ein Träger als umformbares akustisches Wellenpotential dargestellt. Als Tonquelle könnte ein Föhn, ein Radiogerät oder ein Metronom dienen.

Wellenpotenial

Ein Wellenpotential ist ein Gemisch aus mehreren Tonfrequenzen. Je mehr unterschiedliche Tonfrequenzen zur Verfügung stehen, um so einfacher ist die Umformmöglichkeit.

Notizen